W0288638

ΜΕΝΩΝ

MENON

Μένων Σωκράτης Παῖς Μένωνος Ἄνυτος

[70a] ΜΕΝ. Ἔχεις μοι εἰπεῖν, ὦ Σώκρατες, ἆρα διδακτὸν ἡ ἀρετή; ἢ οὐ διδακτὸν ἀλλ' ἀσκητόν; ἢ οὔτε ἀσκητὸν οὔτε μαθητόν, ἀλλὰ φύσει παραγίγνεται τοῖς ἀνθρώποις ἢ ἄλλῳ τινὶ τρόπῳ;

ΣΩ. Ὦ Μένων, πρὸ τοῦ μὲν Θετταλοὶ εὐδόκιμοι ἦσαν ἐν τοῖς Ἕλλησιν καὶ ἐθαυμάζοντο ἐφ' ἱππικῇ τε καὶ πλούτῳ, [b] νῦν δέ, ὡς ἐμοὶ δοκεῖ, καὶ ἐπὶ σοφίᾳ, καὶ οὐχ ἥκιστα οἱ τοῦ σοῦ ἑταίρου Ἀριστίππου πολῖται Λαρισαῖοι. τούτου δὲ ὑμῖν αἴτιός ἐστι Γοργίας· ἀφικόμενος γὰρ εἰς τὴν πόλιν ἐραστὰς ἐπὶ σοφίᾳ εἴληφεν Ἀλευαδῶν τε τοὺς πρώτους, ὧν ὁ σὸς ἐραστής ἐστιν Ἀρίστιππος, καὶ τῶν ἄλλων Θετταλῶν. καὶ δὴ καὶ τοῦτο τὸ ἔθος ὑμᾶς εἴθικεν, ἀφόβως τε καὶ μεγαλοπρεπῶς ἀποκρίνεσθαι ἐάν τίς τι ἔρηται, ὥσπερ εἰκὸς τοὺς εἰδότας, [c] ἅτε καὶ αὐτὸς παρέχων αὑτὸν ἐρωτᾶν τῶν Ἑλλήνων τῷ βουλομένῳ ὅτι ἄν τις βούληται, καὶ οὐδενὶ ὅτῳ οὐκ ἀποκρινόμενος. ἐνθάδε δέ, ὦ φίλε Μένων, τὸ ἐναντίον περιέστηκεν· ὥσπερ αὐχμός τις τῆς σοφίας γέγονεν, καὶ κινδυνεύει ἐκ τῶνδε τῶν τόπων παρ' ὑμᾶς οἴχεσθαι ἡ σοφία. [71a] εἰ γοῦν τινα ἐθέλεις οὕτως ἐρέσθαι τῶν ἐνθάδε, οὐδεὶς ὅστις οὐ γελάσεται καὶ ἐρεῖ· «Ὦ ξένε, κινδυνεύω σοι δοκεῖν μακάριός τις εἶναι – ἀρετὴν γοῦν εἴτε διδακτὸν εἴθ' ὅτῳ τρόπῳ παραγίγνεται εἰδέναι – ἐγὼ δὲ τοσοῦτον δέω εἴτε διδακτὸν εἴτε μὴ διδακτὸν εἰδέναι, ὥστ' οὐδὲ αὐτὸ ὅτι ποτ' ἐστὶ τὸ παράπαν ἀρετὴ τυγχάνω εἰδώς.»

[b] Ἐγὼ οὖν καὶ αὐτός, ὦ Μένων, οὕτως ἔχω· συμπένομαι τοῖς πολίταις τούτου τοῦ πράγματος, καὶ ἐμαυτὸν καταμέμφομαι ὡς οὐκ εἰδὼς περὶ ἀρετῆς τὸ παράπαν· ὃ δὲ μὴ οἶδα τί ἐστιν, πῶς ἂν ὁποῖόν γέ τι εἰδείην; ἢ δοκεῖ σοι οἷόν τε εἶναι, ὅστις Μένωνα μὴ γιγνώσκει τὸ παράπαν ὅστις ἐστίν, τοῦτον εἰδέναι εἴτε καλὸς εἴτε πλούσιος

Platon

Menon

Griechisch/Deutsch

Übersetzt und herausgegeben
von Margarita Kranz

Text vermischt die 4 Kompetenzen
> Sach kompetenz
> Methode kompetenz
> Selbstkompetenz
> Sozial kompetenz

Philipp Reclam jun. Stuttgart

RECLAMS UNIVERSAL-BIBLIOTHEK Nr. 2047

Gesamtherstellung: Reclam, Ditzingen. Printed in Germany 2010

ISBN 978-3-15-002047-0

www.reclam.de

Menon Sokrates Sklave des Menon Anytos[1]

[70a] *Menon.* Sokrates, kannst du mir sagen, ob man Gutsein[2] lehren kann? Oder kann man es nicht lehren, sondern einüben? Oder kann man weder durch Übung noch durch Lernen gut werden, sondern ist man es von Natur aus oder auf sonst irgendeine Weise?

Sokrates. Bislang, Menon, waren die Thessalier geschätzt und bewundert bei den Griechen wegen ihrer Reiterei und ihres Reichtums, [b] aber jetzt sind sie es anscheinend auch wegen ihrer Klugheit, besonders die Leute aus Larisa, die Mitbürger deines Freundes Aristipp. Ihr verdankt das dem Gorgias[3], denn als er in die Stadt kam, waren die ersten der Aleuaden[4] und der anderen Thessalier, unter ihnen auch dein Bewunderer Aristipp, wegen seiner Klugheit hinter ihm her. Er gewöhnte euch auch daran, daß man auf Fragen ohne Scheu und großzügig antwortet, wie es zu denen paßt, die Bescheid wissen, [c] denn er selbst bot sich auch jedem Griechen an, jede beliebige Frage zu beantworten, und blieb keinem eine Antwort schuldig. Aber hier in Athen, mein Freund, ist es umgekehrt, hier herrscht eine Art Klugheitsdürre; möglicherweise zog die Klugheit von hier zu euch. [71a] Wenn du nun einem Hiesigen deine Frage stellen willst, wird jeder lachen und sagen: »Ach Fremder, meinst du vielleicht, ich sei in der glücklichen Lage, daß ich wüßte, ob Gutsein gelehrt werden kann oder auf welche Weise sonst man gut wird? Ich bin so weit entfernt davon zu wissen, ob man es lehren kann oder nicht, daß ich nicht einmal weiß, was Gutsein überhaupt ist.«

[b] Mir selbst nun geht es ganz genauso: ich leide mit meinen Mitbürgern in dieser Sache auch unter diesem Mangel und mache mir Vorwürfe, überhaupt nichts über das Gutsein zu wissen. Was ich nicht kenne und wovon ich nicht weiß, was es ist, wie könnte ich davon wissen, wie es beschaffen ist? Oder glaubst du, jemand kann wissen, ob Menon schön oder reich oder möglicherweise auch adlig oder von allem das

εἴτε καὶ γενναῖός ἐστιν, εἴτε καὶ τἀναντία τούτων; δοκεῖ σοι οἷόν τ' εἶναι;
ΜΕΝ. Οὐκ ἔμοιγε. ἀλλὰ σύ, ὦ Σώκρατες, ἀληθῶς οὐδ' ὅτι ἀρετή ἐστιν οἶσθα, [c] ἀλλὰ ταῦτα περὶ σοῦ καὶ οἴκαδε ἀπαγγέλλωμεν;
ΣΩ. Μὴ μόνον γε, ὦ ἑταῖρε, ἀλλὰ καὶ ὅτι οὐδ' ἄλλῳ πω ἐνέτυχον εἰδότι, ὡς ἐμοὶ δοκῶ.
ΜΕΝ. Τί δέ; Γοργίᾳ οὐκ ἐνέτυχες ὅτε ἐνθάδε ἦν;
ΣΩ. Ἔγωγε.
ΜΕΝ. Εἶτα οὐκ ἐδόκει σοι εἰδέναι;
ΣΩ. Οὐ πάνυ εἰμὶ μνήμων, ὦ Μένων, ὥστε οὐκ ἔχω εἰπεῖν ἐν τῷ παρόντι πῶς μοι τότε ἔδοξεν. ἀλλ' ἴσως ἐκεῖνός τε οἶδε, καὶ σὺ ἃ ἐκεῖνος ἔλεγε· ἀνάμνησον οὖν με πῶς ἔλεγεν. [d] εἰ δὲ βούλει, αὐτὸς εἰπέ· δοκεῖ γὰρ δήπου σοὶ ἅπερ ἐκείνῳ.
ΜΕΝ. Ἔμοιγε.
ΣΩ. Ἐκεῖνον μὲν τοίνυν ἐῶμεν, ἐπειδὴ καὶ ἄπεστιν· σὺ δὲ αὐτός, ὦ πρὸς θεῶν, Μένων, τί φῂς ἀρετὴν εἶναι; εἶπον καὶ μὴ φθονήσῃς, ἵνα εὐτυχέστατον ψεῦσμα ἐψευσμένος ὦ, ἂν φανῇς σὺ μὲν εἰδὼς καὶ Γοργίας, ἐγὼ δὲ εἰρηκὼς μηδενὶ πώποτε εἰδότι ἐντετυχηκέναι.
[e] ΜΕΝ. Ἀλλ' οὐ χαλεπόν, ὦ Σώκρατες, εἰπεῖν. πρῶτον μέν, εἰ βούλει ἀνδρὸς ἀρετήν, ῥᾴδιον, ὅτι αὕτη ἐστὶν ἀνδρὸς ἀρετή, ἱκανὸν εἶναι τὰ τῆς πόλεως πράττειν, καὶ πράττοντα τοὺς μὲν φίλους εὖ ποιεῖν, τοὺς δ' ἐχθροὺς κακῶς, καὶ αὐτὸν εὐλαβεῖσθαι μηδὲν τοιοῦτον παθεῖν. εἰ δὲ βούλει γυναικὸς ἀρετήν, οὐ χαλεπὸν διελθεῖν, ὅτι δεῖ αὐτὴν τὴν οἰκίαν εὖ οἰκεῖν, σῴζουσάν τε τὰ ἔνδον καὶ κατήκοον οὖσαν τοῦ ἀνδρός. καὶ ἄλλη ἐστὶν παιδὸς ἀρετή, καὶ θηλείας καὶ ἄρρενος, καὶ πρεσβυτέρου ἀνδρός, εἰ μὲν βούλει, ἐλευθέρου, εἰ δὲ βούλει, δούλου. [72a] καὶ ἄλλαι πάμπολλαι ἀρεταί εἰσιν, ὥστε οὐκ ἀπορία

Gegenteil ist, wenn er ihn gar nicht kennt und überhaupt nicht weiß, wer er ist? Meinst du, das sei möglich?
Menon. Nein, natürlich nicht, aber weißt du wirklich nicht, was Gutsein ist, [c] und soll ich das von dir auch bei mir zu Hause erzählen?
Sokrates. Erzähle nicht nur das, sondern auch, daß ich, wie mir scheint, keinen anderen getroffen habe, der es wußte.
Menon. Hast du denn Gorgias nicht getroffen, als er hier war?
Sokrates. Doch!
Menon. Dann hattest du nicht den Eindruck, daß er es wußte?
Sokrates. Ich habe kein so gutes Gedächtnis, deshalb kann ich jetzt gar nicht mehr sagen, welchen Eindruck ich damals hatte. Aber vielleicht weiß er, ⟨was Gutsein ist⟩, und du weißt, was er gesagt hat. Dann hilf meiner Erinnerung ⟨und verrate mir⟩, was er gesagt hat, [d] oder sag es selbst, wenn du willst. Du meinst doch bestimmt dasselbe wie er.
Menon. Aber ja!
Sokrates. Dann lassen wir doch Gorgias beiseite, zumal er gar nicht da ist. Bei den Göttern, was sagst du selbst, was ist Gutsein? Halte nicht hinterm Berg damit, so daß ich mich in glücklichster Weise geirrt hätte, wenn nun herauskommt, daß ihr, du und Gorgias, es wißt, obwohl ich doch gesagt habe, ich hätte noch nie jemanden getroffen, der es wußte.
[e] *Menon.* Das ist doch nicht schwer. Zuerst erkläre ich, wenn du willst, das Gutsein des Mannes. Es ist einfach so, daß das Gutsein des Mannes in der Fähigkeit besteht, politisch tätig zu sein und damit Freunden Gutes, Feinden Schlechtes zu tun und aufzupassen, daß einem selbst nichts Schlechtes passiert. Das Gutsein der Frau ist auch leicht genannt: sie muß den Haushalt gut versorgen, alles im Haus im Stande halten und dem Manne gehorchen. Wieder ein anderes Gutsein ist das des Kindes, des Jungen und auch des Mädchens, und das des älteren Mannes, je nachdem, ob er nun Sklave oder freier Bürger ist. [72a] Und so gibt es unzählige andere Arten von Gutsein, so daß man wirklich nicht in

εἰπεῖν ἀρετῆς πέρι ὅτι ἐστίν· καθ' ἑκάστην γὰρ τῶν πράξεων καὶ τῶν ἡλικιῶν πρὸς ἕκαστον ἔργον ἑκάστῳ ἡμῶν ἡ ἀρετή ἐστιν, ὡσαύτως δὲ οἶμαι, ὦ Σώκρατες, καὶ ἡ κακία.

ΣΩ. Πολλῇ γέ τινι εὐτυχίᾳ ἔοικα κεχρῆσθαι, ὦ Μένων, εἰ μίαν ζητῶν ἀρετὴν σμῆνός τι ἀνηύρηκα ἀρετῶν παρὰ σοὶ κείμενον. ἀτάρ, ὦ Μένων, κατὰ ταύτην τὴν εἰκόνα τὴν περὶ τὰ σμήνη, [b] εἴ μου ἐρομένου μελίττης περὶ οὐσίας ὅτι ποτ' ἐστίν, πολλὰς καὶ παντοδαπὰς ἔλεγες αὐτὰς εἶναι, τί ἂν ἀπεκρίνω μοι, εἴ σε ἠρόμην· «Ἆρα τούτῳ φῂς πολλὰς καὶ παντοδαπὰς εἶναι καὶ διαφερούσας ἀλλήλων, τῷ μελίττας εἶναι; ἢ τούτῳ μὲν οὐδὲν διαφέρουσιν, ἄλλῳ δέ τῳ, οἷον ἢ κάλλει ἢ μεγέθει ἢ ἄλλῳ τῳ τῶν τοιούτων;» εἰπέ, τί ἂν ἀπεκρίνω οὕτως ἐρωτηθείς;

ΜΕΝ. Τοῦτ' ἔγωγε, ὅτι οὐδὲν διαφέρουσιν, ᾗ μέλιτται εἰσίν, ἡ ἑτέρα τῆς ἑτέρας.

[c] ΣΩ. Εἰ οὖν εἶπον μετὰ ταῦτα· «Τοῦτο τοίνυν μοι αὐτὸ εἰπέ, ὦ Μένων· ᾧ οὐδὲν διαφέρουσιν ἀλλὰ ταὐτόν εἰσιν ἅπασαι, τί τοῦτο φῂς εἶναι;» εἶχες δήπου ἄν τί μοι εἰπεῖν;

ΜΕΝ. Ἔγωγε.

ΣΩ. Οὕτω δὴ καὶ περὶ τῶν ἀρετῶν· κἂν εἰ πολλαὶ καὶ παντοδαπαί εἰσιν, ἕν γέ τι εἶδος ταὐτὸν ἅπασαι ἔχουσιν δι' ὃ εἰσὶν ἀρεταί, εἰς ὃ καλῶς που ἔχει ἀποβλέψαντα τὸν ἀποκρινόμενον τῷ ἐρωτήσαντι ἐκεῖνο δηλῶσαι, ὃ τυγχάνει οὖσα ἀρετή· [d] ἢ οὐ μανθάνεις ὅτι λέγω;

ΜΕΝ. Δοκῶ γέ μοι μανθάνειν· οὐ μέντοι ὡς βούλομαί γέ πω κατέχω τὸ ἐρωτώμενον.

ΣΩ. Πότερον δὲ περὶ ἀρετῆς μόνον σοι οὕτω δοκεῖ, ὦ Μένων, ἄλλη μὲν ἀνδρὸς εἶναι, ἄλλη δὲ γυναικὸς καὶ τῶν ἄλλων, ἢ καὶ περὶ ὑγιείας καὶ περὶ μεγέθους καὶ περὶ

Verlegenheit ist, über Gutsein zu reden und zu sagen, was es ist: denn für jedes Tun und für jedes Alter gibt es je nach der Aufgabe für jeden von uns das entsprechende Gutsein und genauso, glaube ich, auch das entsprechende Schlechtsein.
Sokrates. Ich scheine ja enormes Glück zu haben, denn obwohl ich nur *ein* Gutsein suchte, finde ich nun einen ganzen Schwarm von Gutsein, der sich bei dir niedergelassen hat. Aber – um beim Bild des Schwarms zu bleiben – [b] wenn du auf meine Frage, was das Wesen der Biene ist, geantwortet hättest, daß es viele und verschiedene Arten gebe, was würdest du antworten, wenn ich weiter fragte: »Sind sie nun, wie du sagst, viele und verschiedenartig, und unterscheiden sie sich darin, daß sie Bienen sind, oder unterscheiden sie sich darin gar nicht, aber in anderem, wie z. B. in Aussehen oder Größe oder dergleichen?« Sag, was würdest du auf eine solche Frage antworten?
Menon. Ich würde darauf antworten, daß sich die eine von der anderen natürlich nicht darin unterscheidet, daß sie Biene ist.
[c] *Sokrates.* Wenn ich nun darauf sagte: »Dann gib mir genau das an, worin sie sich nicht unterscheiden, sondern worin sie alle gleich sind«, was würdest du dann nennen? Sicher könntest du mir etwas sagen?
Menon. Ja, natürlich!
Sokrates. Dann mach es doch auch genauso mit den Arten von Gutsein: wenn es auch viele und verschiedene Arten gibt, haben sie doch alle ein und denselben Grundcharakter[5], durch den sie Gutsein sind. Darauf soll der Antwortende schauen, wenn er dem Fragenden erklärt, was denn Gutsein ist. [d] Oder verstehst du nicht, was ich meine?
Menon. Ich glaube schon; allerdings bekomme ich das, wonach du fragst, irgendwie nicht so in den Griff, wie ich es möchte.
Sokrates. Meinst du, daß bei Mann und Frau nur das Gutsein verschieden ist oder genauso auch Gesundsein, Großsein und Starksein? Also, findest du, daß das Gesundsein der

ἰσχύος ὡσαύτως; ἄλλη μὲν ἀνδρὸς δοκεῖ σοι εἶναι ὑγίεια, ἄλλη δὲ γυναικός; ἢ ταὐτὸν πανταχοῦ εἶδός ἐστιν, ἐάνπερ ὑγίεια ᾖ, [e] ἐάντε ἐν ἀνδρὶ ἐάντε ἐν ἄλλῳ ὁτῳοῦν ᾖ;

ΜΕΝ. Ἡ αὐτή μοι δοκεῖ ὑγίειά γε εἶναι καὶ ἀνδρὸς καὶ γυναικός.

ΣΩ. Οὐκοῦν καὶ μέγεθος καὶ ἰσχύς; ἐάνπερ ἰσχυρὰ γυνὴ ᾖ, τῷ αὐτῷ εἴδει καὶ τῇ αὐτῇ ἰσχύϊ ἰσχυρὰ ἔσται; τὸ γὰρ τῇ αὐτῇ τοῦτο λέγω· οὐδὲν διαφέρει πρὸς τὸ ἰσχὺς εἶναι ἡ ἰσχύς, ἐάντε ἐν ἀνδρὶ ᾖ ἐάντε ἐν γυναικί. ἢ δοκεῖ τί σοι διαφέρειν;

ΜΕΝ. Οὐκ ἔμοιγε.

[73a] ΣΩ. Ἡ δὲ ἀρετὴ πρὸς τὸ ἀρετὴ εἶναι διοίσει τι, ἐάντε ἐν παιδὶ ᾖ ἐάντε ἐν πρεσβύτῃ, ἐάντε ἐν γυναικὶ ἐάντε ἐν ἀνδρί;

ΜΕΝ. Ἔμοιγέ πως δοκεῖ, ὦ Σώκρατες, τοῦτο οὐκέτι ὅμοιον εἶναι τοῖς ἄλλοις τούτοις.

ΣΩ. Τί δέ; οὐκ ἀνδρὸς μὲν ἀρετὴν ἔλεγες πόλιν εὖ διοικεῖν, γυναικὸς δὲ οἰκίαν;

ΜΕΝ. Ἔγωγε.

ΣΩ. Ἆρ' οὖν οἷόν τε εὖ διοικεῖν ἢ πόλιν ἢ οἰκίαν ἢ ἄλλο ὁτιοῦν, μὴ σωφρόνως καὶ δικαίως διοικοῦντα;

ΜΕΝ. Οὐ δῆτα.

[b] ΣΩ. Οὐκοῦν ἄνπερ δικαίως καὶ σωφρόνως διοικῶσιν, δικαιοσύνῃ καὶ σωφροσύνῃ διοικήσουσιν;

ΜΕΝ. Ἀνάγκη.

ΣΩ. Τῶν αὐτῶν ἄρα ἀμφότεροι δέονται, εἴπερ μέλλουσιν ἀγαθοὶ εἶναι, καὶ ἡ γυνὴ καὶ ὁ ἀνήρ, δικαιοσύνης καὶ σωφροσύνης.

ΜΕΝ. Φαίνονται.

ΣΩ. Τί δὲ παῖς καὶ πρεσβύτης; μῶν ἀκόλαστοι ὄντες καὶ ἄδικοι ἀγαθοὶ ἄν ποτε γένοιντο;

Frau ein anderes ist als das des Mannes? Oder handelt es sich, wenn man gesund ist, überall um denselben Grundcharakter von Gesundheit, [e] beim Mann oder bei wem auch immer?
Menon. Ich meine, bei Mann und Frau ist Gesundsein dasselbe.
Sokrates. Wohl auch Großsein und Starksein? Wenn eine Frau stark ist, ist sie dann aufgrund desselben Grundcharakters stark und durch dieselbe Stärke stark? Mit ›dasselbe‹ meine ich: Im Hinblick auf das ›Starksein‹ macht es keinen Unterschied, ob es sich um die Stärke bei einem Mann oder bei einer Frau handelt. Oder meinst du, daß sie sich unterscheiden?
Menon. Nein.
[73a] *Sokrates.* Wird sich denn dann das Gutsein bei einem Kind, bei einem Alten, bei einer Frau oder einem Mann im Hinblick auf das Gutsein unterscheiden?
Menon. Also irgendwie finde ich, daß das nicht mehr so wie in den anderen Fällen ist.
Sokrates. Was? Hast du nicht gesagt, das Gutsein des Mannes bestehe darin, die öffentlichen Angelegenheiten gut zu regeln, das der Frau aber, die privaten?
Menon. Ja, doch!
Sokrates. Kann man denn öffentlich oder privat oder sonst etwas gut regeln, wenn man es nicht besonnen und gerecht tut?
Menon. Bestimmt nicht.
[b] *Sokrates.* Und wer es besonnen und gerecht regelt, der wird es doch mit Besonnenheit und Gerechtigkeit tun?
Menon. Notwendigerweise.
Sokrates. Also beide, Frau und Mann, brauchen dasselbe, Besonnenheit und Gerechtigkeit, wenn sie gut sein wollen?
Menon. Es sieht ganz so aus.
Sokrates. Und könnten Kind und Greis je gut werden, wenn sie sich gehen lassen und ungerecht sind?

ΜΕΝ. Οὐ δῆτα.
ΣΩ. Ἀλλὰ σώφρονες καὶ δίκαιοι;
[c] ΜΕΝ. Ναί.
ΣΩ. Πάντες ἄρ' ἄνθρωποι τῷ αὐτῷ τρόπῳ ἀγαθοί εἰσιν· τῶν αὐτῶν γὰρ τυχόντες ἀγαθοὶ γίγνονται.
ΜΕΝ. Ἔοικε.
ΣΩ. Οὐκ ἂν δήπου, εἴ γε μὴ ἡ αὐτὴ ἀρετὴ ἦν αὐτῶν, τῷ αὐτῷ ἂν τρόπῳ ἀγαθοὶ ἦσαν.
ΜΕΝ. Οὐ δῆτα.
ΣΩ. Ἐπειδὴ τοίνυν ἡ αὐτὴ ἀρετὴ πάντων ἐστίν, πειρῶ εἰπεῖν καὶ ἀναμνησθῆναι τί αὐτό φησι Γοργίας εἶναι καὶ σὺ μετ' ἐκείνου.
ΜΕΝ. Τί ἄλλο γ' ἢ ἄρχειν οἷόν τ' εἶναι τῶν ἀνθρώπων; [d] εἴπερ ἕν γέ τι ζητεῖς κατὰ πάντων.
ΣΩ. Ἀλλὰ μὴν ζητῶ γε. ἀλλ' ἆρα καὶ παιδὸς ἡ αὐτὴ ἀρετή, ὦ Μένων, καὶ δούλου, ἄρχειν οἵω τε εἶναι τοῦ δεσπότου, καὶ δοκεῖ σοι ἔτι ἂν δοῦλος εἶναι ὁ ἄρχων;
ΜΕΝ. Οὐ πάνυ μοι δοκεῖ, ὦ Σώκρατες.
ΣΩ. Οὐ γὰρ εἰκός, ὦ ἄριστε· ἔτι γὰρ καὶ τόδε σκόπει. ἄρχειν φῄς οἷόν τ' εἶναι. οὐ προσθήσομεν αὐτόσε τὸ δικαίως, ἀδίκως δὲ μή;
ΜΕΝ. Οἶμαι ἔγωγε· ἡ γὰρ δικαιοσύνη, ὦ Σώκρατες, ἀρετή ἐστιν.
[e] ΣΩ. Πότερον ἀρετή, ὦ Μένων, ἢ ἀρετή τις;
ΜΕΝ. Πῶς τοῦτο λέγεις;
ΣΩ. Ὡς περὶ ἄλλου ὁτουοῦν. οἷον, εἰ βούλει, στρογγυλότητος πέρι εἴποιμ' ἂν ἔγωγε ὅτι σχῆμά τί ἐστιν, οὐχ οὕτως ἁπλῶς ὅτι σχῆμα. διὰ ταῦτα δὲ οὕτως ἂν εἴποιμι, ὅτι καὶ ἄλλα ἔστι σχήματα.
ΜΕΝ. Ὀρθῶς γε λέγων σύ, ἐπεὶ καὶ ἐγὼ λέγω οὐ μόνον δικαιοσύνην ἀλλὰ καὶ ἄλλας εἶναι ἀρετάς.

Menon. Natürlich nicht.
Sokrates. Sondern sie müßten besonnen und gerecht sein?
[c] *Menon.* Ja.
Sokrates. Also sind alle Menschen auf dieselbe Weise gut; wenn sie nämlich dasselbe haben, werden sie gut.
Menon. Anscheinend.
Sokrates. Aber sicherlich könnten sie nicht auf dieselbe Weise gut sein, wenn sie nicht dasselbe Gutsein hätten.
Menon. Nein, wirklich nicht.
Sokrates. Da also alle dasselbe Gutsein haben, versuche nun zu sagen und versuche, dich zu erinnern, was Gorgias sagt, und du mit ihm, was es ist.
Menon. Was soll ich anderes sagen als ›über Menschen herrschen können‹, [d] wenn du schon nach etwas Einheitlichem in allen Fällen suchst.
Sokrates. Danach suche ich allerdings. Aber besteht denn dann auch das Gutsein des Kindes und des Sklaven darin, den Hausherrn beherrschen zu können, und meinst du wirklich, wenn er ihn so beherrscht, dann sei er noch Sklave?
Menon. Nein, eigentlich nicht.
Sokrates. Das ist ja auch nicht gerade wahrscheinlich, mein Bester. Aber überlege noch folgendes: ›Herrschen können‹ sagst du; sollen wir nicht noch hinzusetzen ›gerecht, aber nicht ungerecht‹?
Menon. Doch, Gerechtsein ist nämlich Gutsein.
[e] *Sokrates.* Ist es Gutsein ⟨schlechthin⟩ oder eine Art von Gutsein?
Menon. Wie meinst du das?
Sokrates. Wie bei irgendwas anderem. Ich könnte z. B. sagen, Rundheit sei eine Art Figur, nicht einfach ›Figur‹. Ich könnte es deshalb so sagen, weil es auch andere Figuren gibt.
Menon. Das sagst du richtig; demnach sage ich auch, daß es nicht nur Gerechtsein, sondern auch andere Arten von Gutsein gibt.

[74a] ΣΩ. Τίνας ταύτας; εἰπέ. οἷον καὶ ἐγώ σοι εἴποιμι ἂν καὶ ἄλλα σχήματα, εἴ με κελεύοις· καὶ σὺ οὖν ἐμοὶ εἰπὲ ἄλλας ἀρετάς.
ΜΕΝ. Ἡ ἀνδρεία τοίνυν ἔμοιγε δοκεῖ ἀρετὴ εἶναι καὶ σωφροσύνη καὶ σοφία καὶ μεγαλοπρέπεια καὶ ἄλλαι πάμπολλαι.
ΣΩ. Πάλιν, ὦ Μένων, ταὐτὸν πεπόνθαμεν· πολλὰς αὖ ηὑρήκαμεν ἀρετὰς μίαν ζητοῦντες, ἄλλον τρόπον ἢ νυνδή· τὴν δὲ μίαν, ἣ διὰ πάντων τούτων ἐστίν, οὐ δυνάμεθα ἀνευρεῖν.
ΜΕΝ. Οὐ γὰρ δύναμαί πω, ὦ Σώκρατες, ὡς σὺ ζητεῖς, [b] μίαν ἀρετὴν λαβεῖν κατὰ πάντων, ὥσπερ ἐν τοῖς ἄλλοις.
ΣΩ. Εἰκότως γε· ἀλλ' ἐγὼ προθυμήσομαι, ἐὰν οἷός τ' ὦ, ἡμᾶς προβιβάσαι. μανθάνεις γάρ που ὅτι οὑτωσὶ ἔχει περὶ παντός· εἴ τίς σε ἀνέροιτο τοῦτο ὃ νυνδὴ ἐγὼ ἔλεγον, «Τί ἐστιν σχῆμα, ὦ Μένων;» εἰ αὐτῷ εἶπες ὅτι στρογγυλότης, εἴ σοι εἶπεν ἅπερ ἐγώ, «Πότερον σχῆμα ἡ στρογγυλότης ἐστὶν ἢ σχῆμά τι;» εἶπες δήπου ἂν ὅτι σχῆμά τι.
ΜΕΝ. Πάνυ γε.
[c] ΣΩ. Οὐκοῦν διὰ ταῦτα, ὅτι καὶ ἄλλα ἔστιν σχήματα;
ΜΕΝ. Ναί.
ΣΩ. Καὶ εἴ γε προσανηρώτα σε ὁποῖα, ἔλεγες ἄν;
ΜΕΝ. Ἔγωγε.
ΣΩ. Καὶ αὖ εἰ περὶ χρώματος ὡσαύτως ἀνήρετο ὅτι ἐστίν, καὶ εἰπόντος σου ὅτι τὸ λευκόν, μετὰ ταῦτα ὑπέλαβεν ὁ ἐρωτῶν· «Πότερον τὸ λευκὸν χρῶμά ἐστιν ἢ χρῶμά τι;» εἶπες ἂν ὅτι χρῶμά τι, διότι καὶ ἄλλα τυγχάνει ὄντα;
ΜΕΝ. Ἔγωγε.
ΣΩ. Καὶ εἴ γέ σε ἐκέλευε λέγειν ἄλλα χρώματα, ἔλεγες ἂν

[74a] *Sokrates.* Sage mir doch, welche! Wie ich dir ja auf deine Bitte hin andere Figuren nennen könnte, so nenne du mir auch andere Arten von Gutsein.
Menon. Ich finde, Tapfersein ist ein Gutsein, Besonnensein, Weisesein und Großzügigsein, und noch vieles andere ist es auch.
Sokrates. Jetzt ist uns wieder dasselbe passiert: wir haben wieder viele Arten von Gutsein gefunden, obwohl wir nur eines suchten, wenn auch auf andere Weise als jetzt. Das eine aber, das sich durch alle durchzieht, können wir nicht herausfinden.
Menon. Ich kann einfach nicht, wie du forderst, [b] ein einziges Gutsein über allen anderen fassen, so wie in den anderen Fällen.
Sokrates. Anscheinend. Dann will ich mich, soweit ich kann, bemühen, daß wir mit Hilfe der anderen Fälle näher an die Lösung herankommen. Wenn dich jemand, wie ich jetzt, fragte: »Menon, was ist Figur?«, und du ihm dann antwortetest »Rundheit«, und wenn er dir dann, wie ich, entgegnete: »Ist die Rundheit Figur ⟨schlechthin⟩ oder eine Figur ⟨unter anderen⟩?«, würdest du doch sicherlich antworten: »Eine Figur«.
Menon. Bestimmt.
[c] *Sokrates.* Und doch deshalb, weil es auch andere Figuren gibt.
Menon. Ja.
Sokrates. Und wenn ich weiter fragte, welche, würdest du sie nennen?
Menon. Ja sicher.
Sokrates. Auch wenn er dich genauso fragte, was ›Farbe‹ ist, und du antwortetest, ›das Weiße‹, und er dann fortführe: »Ist Weiß Farbe ⟨schlechthin⟩ oder eine Farbe ⟨unter anderen⟩?«, würdest du sagen ›eine Farbe‹, weil es ja auch noch andere Farben gibt.
Menon. Ja, sicher.
Sokrates. Und wenn er dich bäte, andere Farben zu nennen,

ἄλλα, [d] ἃ οὐδὲν ἧττον τυγχάνει ὄντα χρώματα τοῦ λευκοῦ;

ΜΕΝ. Ναί.

ΣΩ. Εἰ οὖν ὥσπερ ἐγὼ μετῄει τὸν λόγον, καὶ ἔλεγεν ὅτι «Ἀεὶ εἰς πολλὰ ἀφικνούμεθα, ἀλλὰ μή μοι οὕτως, ἀλλ' ἐπειδὴ τὰ πολλὰ ταῦτα ἑνί τινι προσαγορεύεις ὀνόματι, καὶ φῄς οὐδὲν αὐτῶν ὅτι οὐ σχῆμα εἶναι, καὶ ταῦτα καὶ ἐναντία ὄντα ἀλλήλοις, ὅτι ἐστὶν τοῦτο ὃ οὐδὲν ἧττον κατέχει τὸ στρογγύλον ἢ τὸ εὐθύ, ὃ δὴ ὀνομάζεις σχῆμα [e] καὶ οὐδὲν μᾶλλον φῄς τὸ στρογγύλον σχῆμα εἶναι ἢ τὸ εὐθύ;» ἢ οὐχ οὕτω λέγεις;

ΜΕΝ. Ἔγωγε.

ΣΩ. Ἆρ' οὖν, ὅταν οὕτω λέγῃς, τότε οὐδὲν μᾶλλον φῄς τὸ στρογγύλον εἶναι στρογγύλον ἢ εὐθύ, οὐδὲ τὸ εὐθὺ εὐθὺ ἢ στρογγύλον;

ΜΕΝ. Οὐ δήπου, ὦ Σώκρατες.

ΣΩ. Ἀλλὰ μὴν σχῆμά γε οὐδὲν μᾶλλον φῄς εἶναι τὸ στρογγύλον τοῦ εὐθέος, οὐδὲ τὸ ἕτερον τοῦ ἑτέρου.

ΜΕΝ. Ἀληθῆ λέγεις.

ΣΩ. Τί ποτε οὖν τοῦτο οὗ τοῦτο ὄνομά ἐστιν, τὸ σχῆμα; [75a] πειρῶ λέγειν. εἰ οὖν τῷ ἐρωτῶντι οὕτως ἢ περὶ σχήματος ἢ χρώματος εἶπες ὅτι «Ἀλλ' οὐδὲ μανθάνω ἔγωγε ὅτι βούλει, ὦ ἄνθρωπε, οὐδὲ οἶδα ὅτι λέγεις,» ἴσως ἂν ἐθαύμασε καὶ εἶπεν· «Οὐ μανθάνεις ὅτι ζητῶ τὸ ἐπὶ πᾶσιν τούτοις ταὐτόν;» ἢ οὐδὲ ἐπὶ τούτοις, ὦ Μένων, ἔχοις ἂν εἰπεῖν, εἴ τίς σε ἐρωτῴη· «Τί ἐστιν ἐπὶ τῷ στρογγύλῳ καὶ εὐθεῖ καὶ ἐπὶ τοῖς ἄλλοις, ἃ δὴ σχήματα καλεῖς, ταὐτὸν ἐπὶ πᾶσιν;» πειρῶ εἰπεῖν, ἵνα καὶ γένηταί σοι μελέτη πρὸς τὴν περὶ τῆς ἀρετῆς ἀπόκρισιν.

[b] ΜΕΝ. Μή, ἀλλὰ σύ, ὦ Σώκρατες, εἰπέ.

ΣΩ. Βούλει σοι χαρίσωμαι;

ΜΕΝ. Πάνυ γε.

ΣΩ. Ἐθελήσεις οὖν καὶ σὺ ἐμοὶ εἰπεῖν περὶ τῆς ἀρετῆς;

ΜΕΝ. Ἔγωγε.

würdest du andere nennen, [d] die genauso Farbe sind wie das Weiße.
Menon. Ja.
Sokrates. Wenn er nun die Frage verfolgte wie ich und sagte: »Wir kommen immer auf vieles, aber solch eine Antwort will ich nicht. Da du dieses Viele mit einem Namen bezeichnest und sagst, daß jedes von ihnen Figur sei, obwohl sie einander gleich und auch gegensätzlich sind; was ist das, was ›rund‹ nicht weniger umfaßt als ›gerade‹, was du Figur nennst, [e] und von dem du genausogut sagst, das Runde sei Figur wie das Gerade.« Oder meinst du es nicht so?
Menon. Ja.
Sokrates. Also, wenn du das sagst, meinst du dann, daß das Runde ebenso rund ist wie gerade oder das Gerade genauso gerade wie rund?
Menon. Gewiß nicht.
Sokrates. Aber du behauptest doch, das Runde sei genausogut Figur wie das Gerade oder umgekehrt.
Menon. Das ist richtig.
Sokrates. Was ist das nun, was diesen Namen ›Figur‹ hat? [75a] Versuche es zu sagen. Wenn du nun dem, der solche Fragen zu ›Figur‹ und ›Farbe‹ stellt, sagtest: »Mensch, ich verstehe einfach nicht, was du willst, und weiß auch nicht, was du meinst«, würde er verwundert sagen: »Du verstehst nicht, daß ich das suche, was bei all diesen das Gleiche ist?« Oder könntest du in diesen Fällen nichts antworten, wenn dich jemand fragte: »Was ist bei dem Runden, Geraden und anderem, das du ›Figur‹ nennst, dasselbe bei allen?« Versuche es zu sagen, damit du ein wenig in Übung kommst für die Antwort über das Gutsein.
[b] *Menon.* Nein, sag du es, Sokrates.
Sokrates. Soll ich dir einen Gefallen tun?
Menon. Natürlich.
Sokrates. Wirst du mir dann auch die Antwort über das Gutsein sagen wollen?
Menon. Ja, sicher.

ΣΩ. Προθυμητέον τοίνυν· ἄξιον γάρ.
ΜΕΝ. Πάνυ μὲν οὖν.
ΣΩ. Φέρε δή, πειρώμεθά σοι εἰπεῖν τί ἐστιν σχῆμα. σκόπει οὖν εἰ τόδε ἀποδέχῃ αὐτὸ εἶναι· ἔστω γὰρ δὴ ἡμῖν τοῦτο σχῆμα, ὃ μόνον τῶν ὄντων τυγχάνει χρώματι ἀεὶ ἑπόμενον. ἱκανῶς σοι, ἢ ἄλλως πως ζητεῖς; ἐγὼ γὰρ κἂν [c] οὕτως ἀγαπῴην εἴ μοι ἀρετὴν εἴποις.
ΜΕΝ. Ἀλλὰ τοῦτό γε εὔηθες, ὦ Σώκρατες.
ΣΩ. Πῶς λέγεις;
ΜΕΝ. Ὅτι σχῆμά πού ἐστιν κατὰ τὸν σὸν λόγον ὃ ἀεὶ χρόᾳ ἕπεται. εἶεν· εἰ δὲ δὴ τὴν χρόαν τις μὴ φαίη εἰδέναι, ἀλλὰ ὡσαύτως ἀποροῖ ὥσπερ περὶ τοῦ σχήματος, τί ἂν οἴει σοι ἀποκεκρίσθαι;
ΣΩ. Τἀληθῆ ἔγωγε· καὶ εἰ μέν γε τῶν σοφῶν τις εἴη καὶ ἐριστικῶν τε καὶ ἀγωνιστικῶν ὁ ἐρόμενος, εἴποιμ' ἂν αὐτῷ ὅτι [d] «Ἐμοὶ μὲν εἴρηται· εἰ δὲ μὴ ὀρθῶς λέγω, σὸν ἔργον λαμβάνειν λόγον καὶ ἐλέγχειν.» εἰ δὲ ὥσπερ ἐγώ τε καὶ σὺ νυνὶ φίλοι ὄντες βούλοιντο ἀλλήλοις διαλέγεσθαι, δεῖ δὴ πρᾳότερόν πως καὶ διαλεκτικώτερον ἀποκρίνεσθαι. ἔστι δὲ ἴσως τὸ διαλεκτικώτερον μὴ μόνον τἀληθῆ ἀποκρίνεσθαι, ἀλλὰ καὶ δι' ἐκείνων ὧν ἂν προομολογῇ εἰδέναι ὁ ἐρωτώμενος. πειράσομαι δὴ καὶ ἐγώ σοι οὕτως εἰπεῖν. [e] λέγε γάρ μοι· τελευτὴν καλεῖς τι; τοιόνδε λέγω οἷον πέρας καὶ ἔσχατον – πάντα ταῦτα ταὐτόν τι λέγω· ἴσως δ' ἂν ἡμῖν Πρόδικος διαφέροιτο, ἀλλὰ σύ γέ που καλεῖς πεπεράνθαι τι καὶ τετελευτηκέναι – τὸ τοιοῦτον βούλομαι λέγειν, οὐδὲν ποικίλον.
ΜΕΝ. Ἀλλὰ καλῶ, καὶ οἶμαι μανθάνειν ὃ λέγεις.

Sokrates. Dann muß ich mich wohl anstrengen, es lohnt sich ja.
Menon. Bestimmt.
Sokrates. Dann will ich einmal versuchen, dir zu sagen, was ›Figur‹ ist. Überlege, ob du das jetzt annimmst. Für uns sei Figur folgendes: ›Was als einziges von allen Dingen immer mit der Farbe einhergeht.‹ Reicht dir das, oder verlangst du, daß ich es irgendwie anders mache? Ich hätte es nämlich ganz gern, [c] wenn du für mich auf diese Weise das Gutsein bestimmtest.
Menon. Aber das ist doch ziemlich naiv, Sokrates.
Sokrates. Was meinst du?
Menon. Daß Figur nach dieser Erklärung das ist, was immer mit Farbe einhergeht. Gut und schön, wenn aber jemand behauptet, ›Farbe‹ nicht zu kennen und damit genausowenig weiterkäme wie mit ›Figur‹, was meinst du dann, was deine Antwort überhaupt besagt?
Sokrates. Etwas Richtiges, denke ich. Wenn der Fragende zu diesen Schlauen gehörte, denen es nur um Wortgefechte und ums Auftrumpfen geht,[6] würde ich ihm sagen: [d] »Ich habe nun gesprochen, wenn es aber nicht richtig ist, ist es deine Sache, Rechenschaft zu fordern und es zu widerlegen.« Wenn er aber einer ist wie ich und du, die wir als Freunde miteinander ein Gespräch führen wollen, muß ich etwas umgänglicher und mehr einem solchen Gespräch entsprechend antworten, und das heißt, daß man nicht nur richtig antwortet, sondern auch mit Worten, die der Fragende zugestandenermaßen kennt. Ich will deshalb auch versuchen, dir auf diese Weise zu antworten. [e] Sage mir also, du nennst doch etwas ›Ende‹. Ich meine so etwas wie ›Grenze‹ oder ›Äußerstes‹, alles das heißt ja dasselbe – vielleicht wäre Prodikos nicht einverstanden[7] –, aber du wenigstens nennst ›begrenzt sein‹ auch ›zu Ende sein‹, so etwas meine ich, nicht irgend etwas Mehrdeutiges.
Menon. Ja, ich nenne es so, und ich glaube, ich verstehe, was du meinst.

[76a] ΣΩ. Τί δ'; ἐπίπεδον καλεῖς τι, καὶ ἕτερον αὖ στερεόν, οἷον ταῦτα τὰ ἐν ταῖς γεωμετρίαις;
ΜΕΝ. Ἔγωγε καλῶ.
ΣΩ. Ἤδη τοίνυν ἂν μάθοις μου ἐκ τούτων σχῆμα ὃ λέγω. κατὰ γὰρ παντὸς σχήματος τοῦτο λέγω, εἰς ὃ τὸ στερεὸν περαίνει, τοῦτ' εἶναι σχῆμα· ὅπερ ἂν συλλαβὼν εἴποιμι στερεοῦ πέρας σχῆμα εἶναι.
ΜΕΝ. Τὸ δὲ χρῶμα τί λέγεις, ὦ Σώκρατες;
ΣΩ. Ὑβριστής γ' εἶ, ὦ Μένων· ἀνδρὶ πρεσβύτῃ πράγματα προστάττεις ἀποκρίνεσθαι, αὐτὸς δὲ οὐκ ἐθέλεις ἀναμνησθεὶς εἰπεῖν [b] ὅτι ποτε λέγει Γοργίας ἀρετὴν εἶναι.
ΜΕΝ. Ἀλλ' ἐπειδάν μοι σὺ τοῦτ' εἴπῃς, ὦ Σώκρατες, ἐρῶ σοι.
ΣΩ. Κἂν κατακεκαλυμμένος τις γνοίη, ὦ Μένων, διαλεγομένου σου, ὅτι καλὸς εἶ καὶ ἐρασταί σοι ἔτι εἰσίν.
ΜΕΝ. Τί δή;
ΣΩ. Ὅτι οὐδὲν ἀλλ' ἢ ἐπιτάττεις ἐν τοῖς λόγοις, ὅπερ ποιοῦσιν οἱ τρυφῶντες, ἅτε τυραννεύοντες ἕως ἂν ἐν ὥρᾳ ὦσιν, [c] καὶ ἅμα ἐμοῦ ἴσως κατέγνωκας ὅτι εἰμὶ ἥττων τῶν καλῶν· χαριοῦμαι οὖν σοι καὶ ἀποκρινοῦμαι.
ΜΕΝ. Πάνυ μὲν οὖν χάρισαι.
ΣΩ. Βούλει οὖν σοι κατὰ Γοργίαν ἀποκρίνωμαι, ᾗ ἂν σὺ μάλιστα ἀκολουθήσαις;
ΜΕΝ. Βούλομαι· πῶς γὰρ οὔ;
ΣΩ. Οὐκοῦν λέγετε ἀπορροάς τινας τῶν ὄντων κατὰ Ἐμπεδοκλέα;
ΜΕΝ. Σφόδρα γε.
ΣΩ. Καὶ πόρους εἰς οὓς καὶ δι' ὧν αἱ ἀπορροαὶ πορεύονται;
ΜΕΝ. Πάνυ γε.
ΣΩ. Καὶ τῶν ἀπορροῶν τὰς μὲν ἁρμόττειν ἐνίοις τῶν πόρων, τὰς δὲ ἐλάττους ἢ μείζους εἶναι;

[76a] *Sokrates.* Und weiter, ›Fläche‹ nennst du doch etwas, und etwas anderes ›Körper‹, wie man in den geometrischen Wissenschaften sagt.
Menon. Ja.
Sokrates. Du könntest schon aus diesen Begriffen verstehen, was ich ›Figur‹ nenne. Von jeder Figur behaupte ich nämlich: dasjenige, in das der Körper übergeht, das ist Figur; ich könnte auch zusammenfassend sagen: Figur ist die Grenze des Körpers.
Menon. Und was, sagst du, ist Farbe?
Sokrates. Übermütig bist du, einem alten Mann machst du Schwierigkeiten bei den Antworten, du selbst willst dich aber nicht erinnern und wiedergeben, [b] wie Gorgias denn das Gutsein faßt.
Menon. Wenn du es mir gesagt hast, sage ich es dir.
Sokrates. Wenn man sich mit dir unterhält, erkennt man, selbst wenn man den Kopf verhüllt hätte, daß du schön bist und noch Liebhaber hast.
Menon. Wieso das denn?
Sokrates. Weil du in deinen Reden nur kommandierst, wie es die verwöhnten Kinder tun, die, solange sie jung sind, herrisch sind. [c] Und gleichzeitig merkst du mir vielleicht an, daß ich bei Schönen schwach werde. Ich werde dir also gefällig sein und antworten.
Menon. Ja, das tu nun wirklich.
Sokrates. Willst du, daß ich dir nach der Art des Gorgias antworte? Darin wirst du mir am besten folgen können.
Menon. Ja, das will ich. Wie sonst?
Sokrates. Ihr redet doch wie Empedokles von gewissen Ausströmungen der Dinge?[8]
Menon. Allerdings!
Sokrates. Und von Kanälen, in die und durch die die Ausströmungen fließen?
Menon. In der Tat.
Sokrates. Und einige Ausströmungen passen in einige Kanäle hinein, andere Kanäle sind zu klein oder zu groß?

[d] ΜΕΝ. Ἔστι ταῦτα.
ΣΩ. Οὐκοῦν καὶ ὄψιν καλεῖς τι;
ΜΕΝ. Ἔγωγε.
ΣΩ. Ἐκ τούτων δὴ «σύνες ὅ τοι λέγω,» ἔφη Πίνδαρος. ἔστιν γὰρ χρόα ἀπορροὴ σχημάτων ὄψει σύμμετρος καὶ αἰσθητός.
ΜΕΝ. Ἄριστά μοι δοκεῖς, ὦ Σώκρατες, ταύτην τὴν ἀπόκρισιν εἰρηκέναι.
ΣΩ. Ἴσως γάρ σοι κατὰ συνήθειαν εἴρηται· καὶ ἅμα οἶμαι ἐννοεῖς ὅτι ἔχοις ἂν ἐξ αὐτῆς εἰπεῖν καὶ φωνὴν ὃ ἔστι, [e] καὶ ὀσμὴν καὶ ἄλλα πολλὰ τῶν τοιούτων.
ΜΕΝ. Πάνυ μὲν οὖν.
ΣΩ. Τραγικὴ γάρ ἐστιν, ὦ Μένων, ἡ ἀπόκρισις, ὥστε ἀρέσκει σοι μᾶλλον ἢ ἡ περὶ τοῦ σχήματος.
ΜΕΝ. Ἔμοιγε.
ΣΩ. Ἀλλ' οὐκ ἔστιν, ὦ παῖ Ἀλεξιδήμου, ὡς ἐγὼ ἐμαυτὸν πείθω, ἀλλ' ἐκείνη βελτίων· οἶμαι δὲ οὐδ' ἂν σοὶ δόξαι, εἰ μή, ὥσπερ χθὲς ἔλεγες, ἀναγκαῖόν σοι ἀπιέναι πρὸ τῶν μυστηρίων, ἀλλ' εἰ περιμείναις τε καὶ μυηθείης.
[77a] ΜΕΝ. Ἀλλὰ περιμένοιμ' ἄν, ὦ Σώκρατες, εἴ μοι πολλὰ τοιαῦτα λέγοις.
ΣΩ. Ἀλλὰ μὴν προθυμίας γε οὐδὲν ἀπολείψω, καὶ σοῦ ἕνεκα καὶ ἐμαυτοῦ, λέγων τοιαῦτα· ἀλλ' ὅπως μὴ οὐχ οἷός τ' ἔσομαι πολλὰ τοιαῦτα λέγειν. ἀλλ' ἴθι δὴ πειρῶ καὶ σὺ ἐμοὶ τὴν ὑπόσχεσιν ἀποδοῦναι, κατὰ ὅλου εἰπὼν ἀρετῆς πέρι ὅτι ἐστίν, καὶ παῦσαι πολλὰ ποιῶν ἐκ τοῦ ἑνός, ὅπερ φασὶ τοὺς συντρίβοντάς τι ἑκάστοτε οἱ σκώπτοντες, ἀλλὰ ἐάσας ὅλην καὶ ὑγιῆ εἰπὲ τί ἐστιν ἀρετή. τὰ δέ γε παραδείγματα [b] παρ' ἐμοῦ εἴληφας.
ΜΕΝ. Δοκεῖ τοίνυν μοι, ὦ Σώκρατες, ἀρετὴ εἶναι, καθάπερ ὁ ποιητὴς λέγει, «χαίρειν τε καλοῖσι καὶ δύνασθαι·» καὶ ἐγὼ τοῦτο λέγω ἀρετήν, ἐπιθυμοῦντα τῶν καλῶν δυνατὸν εἶναι πορίζεσθαι.

[d] *Menon.* So ist es.
Sokrates. Nennst du nicht etwas ›Sehvermögen‹?
Menon. Ja.
Sokrates. Daraus nun »begreife, was ich dir sage«, wie Pindar sagt.[9] Farbe ist nämlich eine Ausströmung der Figuren, die vom Sehvermögen angepaßt und dadurch wahrnehmbar ist.
Menon. Ich finde, diese Antwort ist dir ganz vortrefflich gelungen, Sokrates.
Sokrates. Vielleicht bist du diese Ausdrucksweise gewöhnt. Und zugleich, meine ich, merkst du auch, daß du mit Hilfe dieser Antwort bestimmen kannst, was Ton ist [e] und Geruch und vieles dieser Art.
Menon. Ja, wirklich.
Sokrates. Diese Antwort ist nämlich ziemlich hochgestochen, deshalb gefällt sie dir auch besser als die zur Figur.
Menon. Ja.
Sokrates. Sie ist es aber nicht, Sohn des Alexidamos – davon bin ich überzeugt –, sondern die erste ist besser. Und du würdest auch deine Meinung nicht aufrechterhalten, wenn du nicht vor den Mysterien[10] wegfahren müßtest, wie du gestern sagtest, und statt dessen hier bliebest und eingeweiht würdest.
[77a] *Menon.* Ich würde schon hierbleiben, wenn du mir viele solche Sachen sagtest.
Sokrates. An Eifer soll es meinerseits keinesfalls fehlen, um deinet- und meinetwillen, solche Sachen zu sagen. Aber ich werde nicht dazu imstande sein. Aber komm nun, versuche du auch, dein Versprechen einzulösen, im allgemeinen zu sagen, was Gutsein ist, und hör auf, »aus einem Vieles zu machen«, wie man spöttisch von denen sagt, die etwas zerbrechen. Sag lieber, was Gutsein ist, und laß es dabei ganz und heil. Beispiele [b] hast du ja von mir bekommen.
Menon. Ich meine dann, Gutsein ist, wie der Dichter sagt, »sich an dem Schönen zu freuen und dessen mächtig zu sein«, und auch ich sage, Gutsein ist, wenn man Schönes will, es sich verschaffen zu können.

ΣΩ. Ἆρα λέγεις τὸν τῶν καλῶν ἐπιθυμοῦντα ἀγαθῶν ἐπιθυμητὴν εἶναι;
ΜΕΝ. Μάλιστά γε.
ΣΩ. Ἆρα ὡς ὄντων τινῶν οἳ τῶν κακῶν ἐπιθυμοῦσιν, ἑτέρων δὲ οἳ τῶν ἀγαθῶν; [c] οὐ πάντες, ὤριστε, δοκοῦσί σοι τῶν ἀγαθῶν ἐπιθυμεῖν;
ΜΕΝ. Οὐκ ἔμοιγε.
ΣΩ. Ἀλλά τινες τῶν κακῶν;
ΜΕΝ. Ναί.
ΣΩ. Οἰόμενοι τὰ κακὰ ἀγαθὰ εἶναι, λέγεις, ἢ καὶ γιγνώσκοντες ὅτι κακά ἐστιν ὅμως ἐπιθυμοῦσιν αὐτῶν;
ΜΕΝ. Ἀμφότερα ἔμοιγε δοκοῦσιν.
ΣΩ. Ἦ γὰρ δοκεῖ τίς σοι, ὦ Μένων, γιγνώσκων τὰ κακὰ ὅτι κακά ἐστιν ὅμως ἐπιθυμεῖν αὐτῶν;
ΜΕΝ. Μάλιστα.
ΣΩ. Τί ἐπιθυμεῖν λέγεις; ἦ γενέσθαι αὐτῷ;
ΜΕΝ. Γενέσθαι· τί γὰρ ἄλλο;
[d] ΣΩ. Πότερον ἡγούμενος τὰ κακὰ ὠφελεῖν ἐκεῖνον ᾧ ἂν γένηται, ἢ γιγνώσκων τὰ κακὰ ὅτι βλάπτει ᾧ ἂν παρῇ;
ΜΕΝ. Εἰσὶ μὲν οἳ ἡγούμενοι τὰ κακὰ ὠφελεῖν, εἰσὶν δὲ καὶ οἳ γιγνώσκοντες ὅτι βλάπτει.
ΣΩ. Ἦ καὶ δοκοῦσί σοι γιγνώσκειν τὰ κακὰ ὅτι κακά ἐστιν οἱ ἡγούμενοι τὰ κακὰ ὠφελεῖν;
ΜΕΝ. Οὐ πάνυ μοι δοκεῖ τοῦτό γε.
ΣΩ. Οὐκοῦν δῆλον ὅτι οὗτοι μὲν οὐ τῶν κακῶν ἐπιθυμοῦσιν, οἱ ἀγνοοῦντες αὐτά, [e] ἀλλὰ ἐκείνων ἃ ᾤοντο ἀγαθὰ εἶναι, ἔστιν δὲ ταῦτά γε κακά· ὥστε οἱ ἀγνοοῦντες αὐτὰ καὶ οἰόμενοι ἀγαθὰ εἶναι δῆλον ὅτι τῶν ἀγαθῶν ἐπιθυμοῦσιν. ἢ οὔ;
ΜΕΝ. Κινδυνεύουσιν οὗτοί γε.
ΣΩ. Τί δέ; οἱ τῶν κακῶν μὲν ἐπιθυμοῦντες, ὡς φῂς σύ,

Sokrates. Du meinst also, daß der, der Schönes will, jemand ist, der Gutes will?[11]
Menon. Jawohl.
Sokrates. Folglich, daß es einige Menschen gibt, die Schlechtes wollen, und andere, die Gutes wollen? [c] Du findest nicht, daß alle Gutes wollen?
Menon. Nein, das finde ich nicht.
Sokrates. Sondern einige wollen Schlechtes?
Menon. Ja.
Sokrates. Wollen sie es, weil sie meinen, daß die schlechten Dinge gut sind, oder wollen sie es, obwohl sie wissen, daß sie schlecht sind?
Menon. Beides, denke ich.
Sokrates. Glaubst du denn wirklich, daß jemand, der Schlechtes kennt und weiß, daß es schlecht ist, es doch will?
Menon. Ja.
Sokrates. Was genau will er denn? Er will doch, daß er es bekommt?
Menon. Ja was denn sonst?
[d] *Sokrates.* Etwa, weil er annimmt, daß Schlechtes dem nützt, der es bekommt, oder weil er weiß, daß Schlechtes dem schadet, der es hat?
Menon. Es gibt welche, die glauben, Schlechtes nutze ihnen, und welche, die wissen, daß es schadet.
Sokrates. Meinst du denn, daß diejenigen, die annehmen, Schlechtes nutze ihnen, wirklich wissen, daß Schlechtes schlecht ist?
Menon. Nein, das meine ich eigentlich nicht.
Sokrates. Also ist doch klar, daß diese, die das nicht wissen, nicht eigentlich Schlechtes wollen, [e] sondern das wollen, was sie für gut halten, was aber schlecht ist? Da sie Schlechtes also verkennen und es für Gutes halten, ist doch klar, daß sie Gutes wollen, oder etwa nicht?
Menon. Ja, das wohl.
Sokrates. Und die, die Schlechtes wollen, wie du sagst, in der

ἡγούμενοι δὲ τὰ κακὰ βλάπτειν ἐκεῖνον ᾧ ἂν γίγνηται, γιγνώσκουσιν δήπου ὅτι βλαβήσονται ὑπ' αὐτῶν;
ΜΕΝ. Ἀνάγκη.
[78a] ΣΩ. Ἀλλὰ τοὺς βλαπτομένους οὗτοι οὐκ οἴονται ἀθλίους εἶναι καθ' ὅσον βλάπτονται;
ΜΕΝ. Καὶ τοῦτο ἀνάγκη.
ΣΩ. Τοὺς δὲ ἀθλίους οὐ κακοδαίμονας;
ΜΕΝ. Οἶμαι ἔγωγε.
ΣΩ. Ἔστιν οὖν ὅστις βούλεται ἄθλιος καὶ κακοδαίμων εἶναι;
ΜΕΝ. Οὔ μοι δοκεῖ, ὦ Σώκρατες.
ΣΩ. Οὐκ ἄρα βούλεται, ὦ Μένων, τὰ κακὰ οὐδείς, εἴπερ μὴ βούλεται τοιοῦτος εἶναι. τί γὰρ ἄλλο ἐστὶν ἄθλιον εἶναι ἢ ἐπιθυμεῖν τε τῶν κακῶν καὶ κτᾶσθαι;
ΜΕΝ. Κινδυνεύεις ἀληθῆ λέγειν, ὦ Σώκρατες· [b] καὶ οὐδεὶς βούλεσθαι τὰ κακά.
ΣΩ. Οὐκοῦν νυνδὴ ἔλεγες ὅτι ἔστιν ἡ ἀρετὴ βούλεσθαί τε τἀγαθὰ καὶ δύνασθαι;
ΜΕΝ. Εἶπον γάρ.
ΣΩ. Οὐκοῦν τοῦ λεχθέντος τὸ μὲν βούλεσθαι πᾶσιν ὑπάρχει, καὶ ταύτῃ γε οὐδὲν ὁ ἕτερος τοῦ ἑτέρου βελτίων;
ΜΕΝ. Φαίνεται.
ΣΩ. Ἀλλὰ δῆλον ὅτι εἴπερ ἐστὶ βελτίων ἄλλος ἄλλου, κατὰ τὸ δύνασθαι ἂν εἴη ἀμείνων.
ΜΕΝ. Πάνυ γε.
ΣΩ. Τοῦτ' ἔστιν ἄρα, ὡς ἔοικε, κατὰ τὸν σὸν λόγον ἀρετή, δύναμις τοῦ πορίζεσθαι τἀγαθά.
[c] ΜΕΝ. Παντάπασί μοι δοκεῖ, ὦ Σώκρατες, οὕτως ἔχειν ὡς σὺ νῦν ὑπολαμβάνεις.
ΣΩ. Ἴδωμεν δὴ καὶ τοῦτο εἰ ἀληθὲς λέγεις· ἴσως γὰρ ἂν εὖ λέγοις. τἀγαθὰ φῂς οἷόν τ' εἶναι πορίζεσθαι ἀρετὴν εἶναι;
ΜΕΝ. Ἔγωγε.
ΣΩ. Ἀγαθὰ δὲ καλεῖς οὐχὶ οἷον ὑγίειάν τε καὶ πλοῦτον;

Annahme, Schlechtes schade dem, der es bekommt, wissen die wirklich, daß sie davon Schaden erleiden werden?
Menon. Ja, notwendigerweise!
[78a] *Sokrates.* Aber jene, die Schaden erleiden, meinen die nicht, daß sie in dem Maße bedauernswert sind, wie sie Schaden erleiden?
Menon. Ja, notwendigerweise.
Sokrates. Und sind Bedauernswerte nicht unglücklich?
Menon. Ich glaube schon.
Sokrates. Gibt es denn wirklich jemanden, der bedauernswert und unglücklich sein will?
Menon. Ich glaube eigentlich nicht!
Sokrates. Also will niemand Schlechtes, denn es will ja keiner bedauernswert und unglücklich sein! Denn was anderes heißt denn ›bedauernswert sein‹, als Schlechtes zu wollen und zu bekommen?
Menon. Das stimmt, was du sagst: [b] niemand will wohl Schlechtes.
Sokrates. Hast du nicht eben gesagt: »Gutsein ist, Gutes zu wollen und ⟨sich verschaffen⟩ zu können«?
Menon. Ja, das habe ich gesagt.
Sokrates. Von dem, was du sagtest, haben das Wollen ja alle, und darin ist keiner besser als der andere.
Menon. Das ist wohl so.
Sokrates. Offensichtlich ist dann einer, der besser ist als der andere, durch das Können besser.
Menon. Allerdings.
Sokrates. Nach dem, was du gesagt hast, ist offensichtlich also Gutsein die Fähigkeit, sich Gutes zu verschaffen.
[c] *Menon.* Ganz genau so ist es, wie du nun annimmst.
Sokrates. Sehen wir auch hier zu, ob es wahr ist, denn du könntest ja recht haben. Sich Gutes verschaffen zu können, sagst du, ist Gutsein.
Menon. Ja.
Sokrates. Gutes nennst du doch z. B. Gesundheit und Reichtum?

ΜΕΝ. Καὶ χρυσίον λέγω καὶ ἀργύριον κτᾶσθαι καὶ τιμὰς ἐν πόλει καὶ ἀρχάς.
ΣΩ. Μὴ ἄλλ' ἄττα λέγεις τἀγαθὰ ἢ τὰ τοιαῦτα;
ΜΕΝ. Οὔκ, ἀλλὰ πάντα λέγω τὰ τοιαῦτα.
[d] ΣΩ. Εἶεν· χρυσίον δὲ δὴ καὶ ἀργύριον πορίζεσθαι ἀρετή ἐστιν, ὥς φησι Μένων ὁ τοῦ μεγάλου βασιλέως πατρικὸς ξένος. πότερον προστιθεῖς τούτῳ τῷ πόρῳ, ὦ Μένων, τὸ δικαίως καὶ ὁσίως, ἢ οὐδέν σοι διαφέρει, ἀλλὰ κἂν ἀδίκως τις αὐτὰ πορίζηται, ὁμοίως σὺ αὐτὰ ἀρετὴν καλεῖς;
ΜΕΝ. Οὐ δήπου, ὦ Σώκρατες.
ΣΩ. Ἀλλὰ κακίαν.
ΜΕΝ. Πάντως δήπου.
ΣΩ. Δεῖ ἄρα, ὡς ἔοικε, τούτῳ τῷ πόρῳ δικαιοσύνην ἢ σωφροσύνην ἢ ὁσιότητα προσεῖναι, ἢ ἄλλο τι μόριον ἀρετῆς· [e] εἰ δὲ μή, οὐκ ἔσται ἀρετή, καίπερ ἐκπορίζουσα τἀγαθά.
ΜΕΝ. Πῶς γὰρ ἄνευ τούτων ἀρετὴ γένοιτ' ἄν;
ΣΩ. Τὸ δὲ μὴ ἐκπορίζειν χρυσίον καὶ ἀργύριον, ὅταν μὴ δίκαιον ᾖ, μήτε αὑτῷ μήτε ἄλλῳ, οὐκ ἀρετὴ καὶ αὕτη ἐστὶν ἡ ἀπορία;
ΜΕΝ. Φαίνεται.
ΣΩ. Οὐδὲν ἄρα μᾶλλον ὁ πόρος τῶν τοιούτων ἀγαθῶν ἢ ἡ ἀπορία ἀρετὴ ἂν εἴη, ἀλλά, ὡς ἔοικεν, ὃ μὲν ἂν μετὰ δικαιοσύνης γίγνηται, ἀρετὴ ἔσται, ὃ δ' ἂν ἄνευ πάντων τῶν τοιούτων, κακία.
[79a] ΜΕΝ. Δοκεῖ μοι ἀναγκαῖον εἶναι ὡς λέγεις.
ΣΩ. Οὐκοῦν τούτων ἕκαστον ὀλίγον πρότερον μόριον ἀρετῆς ἔφαμεν εἶναι, τὴν δικαιοσύνην καὶ σωφροσύνην καὶ πάντα τὰ τοιαῦτα;
ΜΕΝ. Ναί.
ΣΩ. Εἶτα, ὦ Μένων, παίζεις πρός με;

Menon. Ja, und auch Gold und Silber zu besitzen, genauso wie Ehre und Macht im Staat.
Sokrates. Gibt es deiner Ansicht nach nicht noch anderes als solches Gutes?
Menon. Nein, was ich meine, ist alles dieser Art.
[d] *Sokrates.* Nun gut: Gold und Silber sich zu verschaffen ist also Gutsein nach den Worten unseres Menon, des väterlichen Gastfreundes des Großkönigs. Ob du wohl noch zu diesem Verschaffen ›gerechterweise‹ oder ›fromm‹ hinzufügst? Oder macht es für dich keinen Unterschied? Auch wenn sich jemand das ungerechterweise verschaffte, nennst du es dann genauso ›Gutsein‹?
Menon. Nein, bestimmt nicht.
Sokrates. Sondern Schlechtsein?
Menon. Ja, ganz genau.
Sokrates. Anscheinend muß also noch Gerechtsein, Besonnensein oder Frommsein oder ein anderer Bestandteil von Gutsein mit dem Verschaffen verbunden sein. [e] Wenn nicht, wird es nicht Gutsein sein, auch wenn es Gutes verschafft.
Menon. Wie könnte es ohne dies Gutsein sein?
Sokrates. Also: sich selbst oder einem anderen Gold und Silber zu verschaffen, wenn es nicht auf gerechte Weise geschieht, ist nicht Gutsein, und dasselbe gilt für das Nicht-Beschaffen?
Menon. Anscheinend.
Sokrates. Also wäre das Beschaffen von solchen Gütern nicht mehr Gutsein als das Nicht-Beschaffen; aber offensichtlich ist Gutsein, was man mit Gerechtigkeit bekommt, was aber ohne all dieses, Schlechtsein.
[79a] *Menon.* Was du sagst, ist notwendig so.
Sokrates. Haben wir nicht vorhin über jedes, Gerechtsein, Besonnensein und dergleichen, gesagt, es sei ein Bestandteil von Gutsein?
Menon. Ja.
Sokrates. Dann willst du mich wohl auf den Arm nehmen?

ΜΕΝ. Τί δή, ὦ Σώκρατες;

ΣΩ. Ὅτι ἄρτι ἐμοῦ δεηθέντος σου μὴ καταγνύναι μηδὲ κερματίζειν τὴν ἀρετήν, καὶ δόντος παραδείγματα καθ' ἃ δέοι ἀποκρίνεσθαι, τούτου μὲν ἠμέλησας, λέγεις δέ μοι ὅτι ἀρετή ἐστιν [b] οἷόν τ' εἶναι τἀγαθὰ πορίζεσθαι μετὰ δικαιοσύνης· τοῦτο δὲ φῂς μόριον ἀρετῆς εἶναι;

ΜΕΝ. Ἔγωγε.

ΣΩ. Οὐκοῦν συμβαίνει ἐξ ὧν σὺ ὁμολογεῖς, τὸ μετὰ μορίου ἀρετῆς πράττειν ὅτι ἂν πράττῃ, τοῦτο ἀρετὴν εἶναι· τὴν γὰρ δικαιοσύνην μόριον φῂς ἀρετῆς εἶναι, καὶ ἕκαστα τούτων.

ΜΕΝ. Τί οὖν δή;

ΣΩ. Τοῦτο λέγω, ὅτι ἐμοῦ δεηθέντος ὅλον εἰπεῖν τὴν ἀρετήν, αὐτὴν μὲν πολλοῦ δεῖς εἰπεῖν ὅτι ἐστίν, πᾶσαν δὲ φῂς πρᾶξιν ἀρετὴν εἶναι, ἐάνπερ μετὰ μορίου ἀρετῆς πράττηται, [c] ὥσπερ εἰρηκὼς ὅτι ἀρετή ἐστιν τὸ ὅλον καὶ ἤδη γνωσομένου ἐμοῦ, καὶ ἐὰν σὺ κατακερματίζῃς αὐτὴν κατὰ μόρια. δεῖται οὖν σοι πάλιν ἐξ ἀρχῆς, ὥς ἐμοὶ δοκεῖ, τῆς αὐτῆς ἐρωτήσεως, ὦ φίλε Μένων, τί ἐστιν ἀρετή, εἰ μετὰ μορίου ἀρετῆς πᾶσα πρᾶξις ἀρετὴ ἂν εἴη; τοῦτο γάρ ἐστιν λέγειν, ὅταν λέγῃ τις, ὅτι πᾶσα ἡ μετὰ δικαιοσύνης πρᾶξις ἀρετή ἐστιν. ἢ οὐ δοκεῖ σοι πάλιν δεῖσθαι τῆς αὐτῆς ἐρωτήσεως, ἀλλ' οἴει τινὰ εἰδέναι μόριον ἀρετῆς ὅτι ἐστίν, αὐτὴν μὴ εἰδότα;

ΜΕΝ. Οὐκ ἔμοιγε δοκεῖ.

[d] ΣΩ. Εἰ γὰρ καὶ μέμνησαι, ὅτ' ἐγώ σοι ἄρτι ἀπεκρινάμην περὶ τοῦ σχήματος, ἀπεβάλλομέν που τὴν τοιαύτην ἀπόκρισιν τὴν διὰ τῶν ἔτι ζητουμένων καὶ μήπω ὡμολογημένων ἐπιχειροῦσαν ἀποκρίνεσθαι.

ΜΕΝ. Καὶ ὀρθῶς γε ἀπεβάλλομεν, ὦ Σώκρατες.

ΣΩ. Μὴ τοίνυν, ὦ ἄριστε, μηδὲ σὺ ἔτι ζητουμένης ἀρετῆς ὅλης ὅτι ἐστὶν οἴου διὰ τῶν ταύτης μορίων ἀποκρινόμε-

Menon. Wieso denn?
Sokrates. Nun, obwohl ich dich gerade noch gebeten habe, das Gutsein nicht zu zerbrechen und zu zerstückeln, und dir Beispiele gegeben habe, wie man antworten muß, läßt du das einfach beiseite und sagst mir, Gutsein sei, [b] sich Gutes mit Gerechtigkeit beschaffen können, und diese aber, sagst du, sei ein Bestandteil von Gutsein.
Menon. Stimmt.
Sokrates. Dann folgt doch aus dem, was du zugestehst, daß Gutsein das ist, was man bei all seinem Tun mit einem Bestandteil von Gutsein tut. Denn du sagst ja, die Gerechtigkeit und dergleichen sei ein Bestandteil von Gutsein.
Menon. Ja und?
Sokrates. Ich meine folgendes: Ich habe dich doch gebeten, das ganze Gutsein zu bestimmen. Du bist aber weit entfernt davon zu sagen, was es ist, wenn du sagst, alles Tun sei Gutsein, wenn es mit einem Bestandteil von Gutsein getan wird, [c] als hättest du schon herausgefunden, was Gutsein als Ganzes ist und als hätte ich es schon verstanden, auch wenn du es in Bestandteile zerstückelst. Damit muß dir wieder die Frage vom Anfang gestellt werden, mein Freund, was Gutsein ist, wenn denn jedes Tun mit einem Bestandteil von Gutsein Gutsein sein soll. Was du sagst, bedeutet nämlich, daß jedes Tun mit Gerechtigkeit Gutsein ist. Oder glaubst du nicht, daß dir dann wieder dieselbe Frage gestellt werden muß, sondern daß jemand weiß, was ein Bestandteil von Gutsein ist, der nicht weiß, was Gutsein ist?
Menon. Nein, das glaube ich nicht.
[d] *Sokrates.* Wenn du dich nämlich daran erinnerst, was ich dir vorhin im Hinblick auf die Figur geantwortet habe, da haben wir doch eine solche Antwort verworfen, die das verwendete, was noch gesucht wurde und noch nicht zugestanden war.
Menon. Ganz zu Recht haben wir das verworfen.
Sokrates. Aber, Bester, gilt das nicht auch, wenn du meinst, irgend jemandem das Gutsein erklären zu können, indem du

νος δηλώσειν αὐτὴν ὁτῳοῦν, ἢ ἄλλο ὁτιοῦν τούτῳ τῷ αὐτῷ τρόπῳ λέγων, [e] ἀλλὰ πάλιν τῆς αὐτῆς δεήσεσθαι ἐρωτήσεως, τίνος ὄντος ἀρετῆς λέγεις ἃ λέγεις· ἢ οὐδέν σοι δοκῶ λέγειν;

ΜΕΝ. Ἔμοιγε δοκεῖς ὀρθῶς λέγειν.

ΣΩ. Ἀπόκριναι τοίνυν πάλιν ἐξ ἀρχῆς· τί φῄς ἀρετὴν εἶναι καὶ σὺ καὶ ὁ ἑταῖρός σου;

ΜΕΝ. Ὦ Σώκρατες, ἤκουον μὲν ἔγωγε πρὶν καὶ συγγενέσθαι σοι [80a] ὅτι σὺ οὐδὲν ἄλλο ἢ αὐτός τε ἀπορεῖς καὶ τοὺς ἄλλους ποιεῖς ἀπορεῖν· καὶ νῦν, ὥς γέ μοι δοκεῖς, γοητεύεις με καὶ φαρμάττεις καὶ ἀτεχνῶς κατεπᾴδεις, ὥστε μεστὸν ἀπορίας γεγονέναι. καὶ δοκεῖς μοι παντελῶς, εἰ δεῖ τι καὶ σκῶψαι, ὁμοιότατος εἶναι τό τε εἶδος καὶ τἆλλα ταύτῃ τῇ πλατείᾳ νάρκῃ τῇ θαλαττίᾳ· καὶ γὰρ αὕτη τὸν ἀεὶ πλησιάζοντα καὶ ἁπτόμενον ναρκᾶν ποιεῖ, καὶ σὺ δοκεῖς μοι νῦν ἐμὲ τοιοῦτόν τι πεποιηκέναι, [ναρκᾶν]· ἀληθῶς γὰρ ἔγωγε καὶ τὴν ψυχὴν καὶ τὸ στόμα ναρκῶ, [b] καὶ οὐκ ἔχω ὅτι ἀποκρίνωμαί σοι. καίτοι μυριάκις γε περὶ ἀρετῆς παμπόλλους λόγους εἴρηκα καὶ πρὸς πολλούς, καὶ πάνυ εὖ, ὥς γε ἐμαυτῷ ἐδόκουν· νῦν δὲ οὐδ' ὅτι ἐστὶν τὸ παράπαν ἔχω εἰπεῖν. καί μοι δοκεῖς εὖ βουλεύεσθαι οὐκ ἐκπλέων ἐνθένδε οὐδ' ἀποδημῶν· εἰ γὰρ ξένος ἐν ἄλλῃ πόλει τοιαῦτα ποιοῖς, τάχ' ἂν ὡς γόης ἀπαχθείης.

ΣΩ. Πανοῦργος εἶ, ὦ Μένων, καὶ ὀλίγου ἐξηπάτησάς με.

ΜΕΝ. Τί μάλιστα, ὦ Σώκρατες;

[c] ΣΩ. Γιγνώσκω οὗ ἕνεκά με ᾔκασας.

ΜΕΝ. Τίνος δὴ οἴει;

ΣΩ. Ἵνα σε ἀντεικάσω. ἐγὼ δὲ τοῦτο οἶδα περὶ πάντων τῶν καλῶν, ὅτι χαίρουσιν εἰκαζόμενοι – λυσιτελεῖ γὰρ αὐτοῖς· καλαὶ γὰρ οἶμαι τῶν καλῶν καὶ αἱ εἰκόνες – ἀλλ'

Bestandteile von Gutsein in der Antwort verwendest oder irgend etwas anderes auf diese Art antwortest, obwohl das, was das ganze Gutsein ist, noch gesucht wird? [e] Da stellt sich doch nur wieder die Frage, was denn das Gutsein ist, von dem du sagst, was du sagst? Oder findest du, ich rede Unsinn?

Menon. Ich finde schon, daß du richtig argumentierst.

Sokrates. Dann antworte wieder von vorne: was sagst du oder dein Freund Gorgias, was Gutsein ist?

Menon. Ach, Sokrates, schon bevor ich dich traf, habe ich gehört, [80a] daß du selbst nie weiterweißt und so bewirkst, daß auch die anderen nicht weiterwissen.[12] Genauso kommst du mir jetzt vor: du behext mich, gibst mir Zaubermittel und sagst deine Sprüche,[13] daß ich überhaupt nicht mehr weiterweiß. Wenn ich mir mal einen Scherz erlauben darf: ich finde, du bist in jeder Hinsicht, äußerlich und auch sonst, wie ein Zitterrochen, dieser platte Meeresfisch. Jedesmal, wenn sich ihm einer nähert und ihn berührt, betäubt er ihn, und ich finde, du hast so etwas mit mir gemacht. Ich bin nämlich wirklich an Mund und Seele betäubt [b] und weiß nicht, was ich dir antworten soll. Obwohl ich schon unzählige Male vor etlichen Leuten verschiedene Reden über das Gutsein gehalten habe, und wie ich fand, ganz gut, kann ich jetzt nicht sagen, was es überhaupt ist. Im übrigen finde ich, du bist ganz gut beraten, nicht die Stadt zu verlassen oder fortzusegeln; denn wenn du so etwas als Fremder in einer anderen Stadt machtest, würdest du wohl als Hexer verhaftet.

Sokrates. Du bist ganz schön schlau, und fast hättest du mich reingelegt.

Menon. Wieso?

[c] *Sokrates.* Ich durchschaue, weshalb du diesen Vergleich mit mir angestellt hast.

Menon. Weshalb meinst du denn?

Sokrates. Damit ich auch einen Vergleich mit dir anstelle. Ich weiß doch, daß alle schönen Leute gerne verglichen werden, sie haben ja einen Vorteil davon. Denn die Vergleichsbilder

οὐκ ἀντεικάσομαί σε. ἐγὼ δέ, εἰ μὲν ἡ νάρκη αὐτὴ ναρκῶσα οὕτω καὶ τοὺς ἄλλους ποιεῖ ναρκᾶν, ἔοικα αὐτῇ· εἰ δὲ μή, οὔ. οὐ γὰρ εὐπορῶν αὐτὸς τοὺς ἄλλους ποιῶ ἀπορεῖν, ἀλλὰ παντὸς μᾶλλον αὐτὸς ἀπορῶν οὕτως καὶ τοὺς ἄλλους ποιῶ ἀπορεῖν. [d] καὶ νῦν περὶ ἀρετῆς ὃ ἔστιν ἐγὼ μὲν οὐκ οἶδα, σὺ μέντοι ἴσως πρότερον μὲν ᾔδησθα πρὶν ἐμοῦ ἅψασθαι, νῦν μέντοι ὅμοιος εἶ οὐκ εἰδότι. ὅμως δὲ ἐθέλω μετὰ σοῦ σκέψασθαι καὶ συζητῆσαι ὅτι ποτέ ἐστιν.

ΜΕΝ. Καὶ τίνα τρόπον ζητήσεις, ὦ Σώκρατες, τοῦτο ὃ μὴ οἶσθα τὸ παράπαν ὅτι ἐστίν; ποῖον γὰρ ὧν οὐκ οἶσθα προθέμενος ζητήσεις; ἢ εἰ καὶ ὅτι μάλιστα ἐντύχοις αὐτῷ, πῶς εἴσῃ ὅτι τοῦτό ἐστιν ὃ σὺ οὐκ ᾔδησθα;

[e] ΣΩ. Μανθάνω οἷον βούλει λέγειν, ὦ Μένων. ὁρᾷς τοῦτον ὡς ἐριστικὸν λόγον κατάγεις, ὡς οὐκ ἄρα ἔστιν ζητεῖν ἀνθρώπῳ οὔτε ὃ οἶδε οὔτε ὃ μὴ οἶδε; οὔτε γὰρ ἂν ὅ γε οἶδεν ζητοῖ – οἶδεν γάρ, καὶ οὐδὲν δεῖ τῷ γε τοιούτῳ ζητήσεως – οὔτε ὃ μὴ οἶδεν – οὐδὲ γὰρ οἶδεν ὅτι ζητήσει.

[81a] ΜΕΝ. Οὐκοῦν καλῶς σοι δοκεῖ λέγεσθαι ὁ λόγος οὗτος, ὦ Σώκρατες;

ΣΩ. Οὐκ ἔμοιγε.

ΜΕΝ. Ἔχεις λέγειν ὅπῃ;

ΣΩ. Ἔγωγε· ἀκήκοα γὰρ ἀνδρῶν τε καὶ γυναικῶν σοφῶν περὶ τὰ θεῖα πράγματα –

ΜΕΝ. Τίνα λόγον λεγόντων;

ΣΩ. Ἀληθῆ, ἔμοιγε δοκεῖν, καὶ καλόν.

ΜΕΝ. Τίνα τοῦτον, καὶ τίνες οἱ λέγοντες;

ΣΩ. Οἱ μὲν λέγοντές εἰσι τῶν ἱερέων τε καὶ τῶν ἱερειῶν

für Schöne sind meiner Meinung nach auch schön. Aber ich werde keinen Vergleich mit dir anstellen. Ich meinerseits gleiche einem Zitterrochen nur, wenn er selbst so betäubt ist, wie er die anderen betäubt; wenn das nicht so ist, dann gleiche ich ihm auch nicht. Denn ich bringe ja nicht die anderen in die Lage, nicht mehr weiterzuwissen, während ich selbst zurechtkomme, sondern ich weiß selbst nicht weiter und bewirke damit, daß die anderen auch nicht weiterwissen. [d] Auch jetzt weiß ich einfach nicht, was Gutsein ist. Du hast es allerdings vielleicht gewußt, bevor du an mich geraten bist; aber jetzt siehst du ganz so aus wie einer, der es nicht weiß. Trotzdem will ich mit dir zusammen überlegen und unsere Suche darauf richten, was Gutsein eigentlich ist.

Menon. Und auf welche Weise wirst du die Suche auf etwas richten, von dem du nicht einmal weißt, was es ist? Wie soll denn das, was du nicht kennst und was du dir zum Suchen aufgibst, beschaffen sein? Oder wie wüßtest du, wenn du zufällig darauf kämest, daß es das ist, was du nicht wußtest?

[e] *Sokrates.* Ich verstehe, was du sagen willst. Das läuft ja, wie du siehst, auf ein Übertölpelungsargument[14] hinaus: Der Mensch kann seine Suche weder auf etwas richten, was er weiß, noch auf etwas, was er nicht weiß; denn er dürfte wohl kaum seine Suche auf etwas richten, was er weiß – er weiß es ja, und wer etwas weiß, braucht seine Suche nicht darauf zu richten – und wohl auch nicht, was er nicht weiß, denn er weiß ja nicht, worauf er seine Suche richten soll.

[81a] *Menon.* Findest du das Argument denn nicht gut?

Sokrates. Nein, das finde ich nicht.

Menon. Kannst du mir sagen, warum?

Sokrates. Ja, das kann ich schon. Ich hörte nämlich einmal von Männern und Frauen, die sich in göttlichen Dingen auskennen …

Menon. Was brachten sie denn vor?

Sokrates. Ich fand, eine wahre und schöne Rede.

Menon. Ja, was denn, und wer sind sie?

Sokrates. Es sind Priester und Priesterinnen, denen daran

ὅσοις μεμέληκε περὶ ὧν μεταχειρίζονται λόγον οἵοις τ' εἶναι διδόναι· [b] λέγει δὲ καὶ Πίνδαρος καὶ ἄλλοι πολλοὶ τῶν ποιητῶν ὅσοι θεῖοί εἰσιν. ἃ δὲ λέγουσιν, ταυτί ἐστιν· ἀλλὰ σκόπει εἴ σοι δοκοῦσιν ἀληθῆ λέγειν. φασὶ γὰρ τὴν ψυχὴν τοῦ ἀνθρώπου εἶναι ἀθάνατον, καὶ τοτὲ μὲν τελευτᾶν – ὃ δὴ ἀποθνῄσκειν καλοῦσι – τοτὲ δὲ πάλιν γίγνεσθαι, ἀπόλλυσθαι δ' οὐδέποτε· δεῖν δὴ διὰ ταῦτα ὡς ὁσιώτατα διαβιῶναι τὸν βίον· οἷσιν γὰρ ἂν –

Φερσεφόνα ποινὰν παλαιοῦ πένθεος
δέξεται, εἰς τὸν ὕπερθεν ἅλιον κείνων ἐνάτῳ ἔτεϊ
ἀνδιδοῖ ψυχὰς πάλιν,
[c] ἐκ τᾶν βασιλῆες ἀγαυοὶ
καὶ σθένει κραιπνοὶ σοφίᾳ τε μέγιστοι
ἄνδρες αὔξοντ'· ἐς δὲ τὸν λοιπὸν χρόνον ἥρωες ἁγνοὶ
πρὸς ἀνθρώπων καλεῦνται.

Ἅτε οὖν ἡ ψυχὴ ἀθάνατός τε οὖσα καὶ πολλάκις γεγονυῖα, καὶ ἑωρακυῖα καὶ τὰ ἐνθάδε καὶ τὰ ἐν Ἅιδου καὶ πάντα χρήματα, οὐκ ἔστιν ὅτι οὐ μεμάθηκεν· ὥστε οὐδὲν θαυμαστὸν καὶ περὶ ἀρετῆς καὶ περὶ ἄλλων οἷόν τ' εἶναι αὐτὴν ἀναμνησθῆναι, ἅ γε καὶ πρότερον ἠπίστατο. ἅτε γὰρ τῆς φύσεως ἁπάσης συγγενοῦς οὔσης, [d] καὶ μεμαθηκυίας τῆς ψυχῆς ἅπαντα, οὐδὲν κωλύει ἓν μόνον ἀναμνησθέντα – ὃ δὴ μάθησιν καλοῦσιν ἄνθρωποι – τἆλλα πάντα αὐτὸν ἀνευρεῖν, ἐάν τις ἀνδρεῖος ᾖ καὶ μὴ ἀποκάμνῃ ζητῶν· τὸ γὰρ ζητεῖν ἄρα καὶ τὸ μανθάνειν ἀνάμνησις ὅλον ἐστίν. οὔκουν δεῖ πείθεσθαι τούτῳ τῷ ἐριστικῷ λόγῳ· οὗτος μὲν γὰρ ἂν ἡμᾶς ἀργοὺς ποιήσειεν καὶ ἔστιν τοῖς μαλακοῖς τῶν ἀνθρώπων ἡδὺς ἀκοῦσαι, ὅδε δὲ ἐργατικούς τε καὶ ζητητικοὺς ποιεῖ· [e] ᾧ ἐγὼ πιστεύων ἀληθεῖ εἶναι ἐθέλω μετὰ σοῦ ζητεῖν ἀρετὴ ὅτι ἐστίν.
MEN. Ναί, ὦ Σώκρατες· ἀλλὰ πῶς λέγεις τοῦτο, ὅτι οὐ

liegt, die Dinge begründen zu können, mit denen sie zu tun haben, und darüber Rechenschaft ablegen zu können.[15] [b] Auch Pindar sagt es und andere Dichter, insofern sie göttlich inspiriert sind. Was sie anführen, ist folgendes – überlege aber gut, ob du findest, daß es zutrifft: Sie sagen nämlich, die Seele des Menschen sei unsterblich; zwar gehe es in einer Zeit mit ihr zu Ende – was man ›sterben‹ nennt –, zu einer anderen Zeit aber entstehe sie wieder neu; gänzlich zugrunde gehe sie jedoch nie. Aus diesem Grunde müsse man ein möglichst frommes Leben führen.

> Denn im neunten Jahr schickte Persephone die Seele derer, von denen sie Buße früherer Leiden erhielt, wieder hinauf zum Licht der Sonne; [c] dort entstehen berühmte Könige, Menschen von herkulischer Macht und überragender Weisheit, und für alle Zeiten werden sie Heroen genannt.[16]

Da also die Seele unsterblich und oft wiedererstanden ist, und da sie alles hier und im Hades geschaut hat, gibt es nichts, was sie nicht weiß. Deshalb ist es nicht erstaunlich, wenn es um Gutsein und andere Dinge geht, daß sie sich an das zu erinnern vermag, was sie ja vorher gewußt hat. Denn da die ganze Natur verwandt ist [d] und die Seele alles kennengelernt hat, hindert nichts den, der nur an eine Sache erinnert wird – was man ⟨gewöhnlich⟩ Belehrung nennt –, alles andere selbst wiederzufinden, wenn er nur mutig ist und nicht müde wird zu suchen. Das Suchen und das Lernen sind also gänzlich Wiedererinnerung. Man darf also wirklich nicht auf dieses Übertölpelungsargument hören: es könnte uns nämlich träge machen, und nur Schwächlinge hören es gerne. Aber unser ⟨Argument von der Wiedererinnerung⟩ bewirkt, daß wir rege sind und auf der Suche bleiben. [e] Weil ich darauf vertraue, daß es wahr ist, will ich mit dir die Suche darauf richten, was Gutsein ist.

Menon. Ja, einverstanden. Aber wie meinst du das: Wir lernen nicht, sondern das sogenannte Lernen ist Wiedererinne-

μανθάνομεν, ἀλλὰ ἣν καλοῦμεν μάθησιν ἀνάμνησίς ἐστιν; ἔχεις με τοῦτο διδάξαι ὡς οὕτως ἔχει;

ΣΩ. Καὶ ἄρτι εἶπον, ὦ Μένων, ὅτι πανοῦργος εἶ, καὶ νῦν ἐρωτᾷς εἰ ἔχω σε διδάξαι, [82a] ὃς οὔ φημι διδαχὴν εἶναι ἀλλ᾽ ἀνάμνησιν, ἵνα δὴ εὐθὺς φαίνωμαι αὐτὸς ἐμαυτῷ τἀναντία λέγων.

ΜΕΝ. Οὐ μὰ τὸν Δία, ὦ Σώκρατες, οὐ πρὸς τοῦτο βλέψας εἶπον, ἀλλ᾽ ὑπὸ τοῦ ἔθους· ἀλλ᾽ εἴ πώς μοι ἔχεις ἐνδείξασθαι ὅτι ἔχει ὥσπερ λέγεις, ἔνδειξαι.

ΣΩ. Ἀλλ᾽ ἔστι μὲν οὐ ῥᾴδιον, ὅμως δὲ ἐθέλω προθυμηθῆναι σοῦ ἕνεκα. ἀλλά μοι προσκάλεσον τῶν πολλῶν ἀκολούθων τουτωνὶ τῶν σαυτοῦ ἕνα, ὅντινα βούλει, [b] ἵνα ἐν τούτῳ σοι ἐπιδείξωμαι.

ΜΕΝ. Πάνυ γε. δεῦρο πρόσελθε.

ΣΩ. Ἕλλην μέν ἐστι καὶ ἑλληνίζει;

ΜΕΝ. Πάνυ γε σφόδρα, οἰκογενής γε.

ΣΩ. Πρόσεχε δὴ τὸν νοῦν ὁπότερ᾽ ἄν σοι φαίνηται, ἢ ἀναμιμνῃσκόμενος ἢ μανθάνων παρ᾽ ἐμοῦ.

ΜΕΝ. Ἀλλὰ προσέξω.

ΣΩ. Εἰπὲ δή μοι, ὦ παῖ, γιγνώσκεις τετράγωνον χωρίον ὅτι τοιοῦτόν ἐστιν;

ΠΑΙ. Ἔγωγε.

ΣΩ. Ἔστιν οὖν τετράγωνον χωρίον [c] ἴσας ἔχον τὰς γραμμὰς ταύτας πάσας, τέτταρας οὔσας;

ΠΑΙ. Πάνυ γε.

ΣΩ. Οὐ καὶ ταυτασὶ τὰς διὰ μέσου ἐστὶν ἴσας ἔχον;

ΠΑΙ. Ναί.

ΣΩ. Οὐκοῦν εἴη ἂν τοιοῦτον χωρίον καὶ μεῖζον καὶ ἔλαττον;

ΠΑΙ. Πάνυ γε.

ΣΩ. Εἰ οὖν εἴη αὕτη ἡ πλευρὰ δυοῖν ποδοῖν καὶ αὕτη δυοῖν, πόσων ἂν εἴη ποδῶν τὸ ὅλον; ὧδε δὲ σκόπει· εἰ ἦν ταύτῃ δυοῖν ποδοῖν, ταύτῃ δὲ ἑνὸς ποδὸς μόνον, ἄλλο τι ἅπαξ ἂν ἦν δυοῖν ποδοῖν τὸ χωρίον;

ΠΑΙ. Ναί.

rung? Kannst du mich darüber belehren, daß es sich so verhält?

Sokrates. Gerade habe ich noch gesagt, daß du ganz schön schlau bist. Du fragst mich, ob ich dich belehren könne, [82a] wo ich doch behauptet habe, es gebe keine Belehrung, sondern Wiedererinnerung. Damit soll sich wohl geradewegs zeigen, wie ich mir selbst widerspreche.[17]

Menon. Um Gottes willen, mit dieser Absicht habe ich es nicht gesagt, sondern aus reiner Gewohnheit. Aber wenn du mir irgendwie zeigen kannst, daß es sich so verhält, wie du sagst, dann tu es.

Sokrates. Nun, das ist nicht ganz leicht, aber ich will mich deinetwegen bemühen. Rufe doch irgendeinen deiner vielen Sklaven, [b] damit ich es dir an ihm zeige.

Menon. Ja, gern. Komm einmal her.

Sokrates. Ist er Grieche und spricht Griechisch?

Menon. Ja, sicher, er wohnt ja in meinem Haus.

Sokrates. Paß jetzt auf, ob er sich in deinen Augen erinnert oder von mir lernt.

Menon. Ich passe auf.

Sokrates. Sklave, sag mir, du weißt, daß ein Quadrat solch eine Figur ist?

Sklave. Ja.

Sokrates. Ein Quadrat [c] hat also alle vier Seiten gleich lang.

Sklave. Ja.

Sokrates. Sind es nicht genauso lange Linien wie diese in der Mitte?

Sklave. Ja.

Sokrates. Könnte ein solches Quadrat nicht größer oder kleiner sein?

Sklave. Sicher.

Sokrates. Wenn diese Seite zwei Fuß lang und diese ein Fuß lang wäre, wie groß wäre dann die ganze Fläche? Überleg es so: Wenn diese zwei Fuß, diese aber nur ein Fuß lang wäre, wäre die Fläche insgesamt zwei ⟨Quadrat-⟩Fuß groß.

Sklave. Ja.

[d] ΣΩ. Ἐπειδὴ δὲ δυοῖν ποδοῖν καὶ ταύτῃ, ἄλλο τι ἢ δὶς δυοῖν γίγνεται;
ΠΑΙ. Γίγνεται.
ΣΩ. Δυοῖν ἄρα δὶς γίγνεται ποδῶν;
ΠΑΙ. Ναί.
ΣΩ. Πόσοι οὖν εἰσιν οἱ δύο δὶς πόδες; λογισάμενος εἰπέ.
ΠΑΙ. Τέτταρες, ὦ Σώκρατες.
ΣΩ. Οὐκοῦν γένοιτ' ἂν τούτου τοῦ χωρίου ἕτερον διπλάσιον, τοιοῦτον δέ, ἴσας ἔχον πάσας τὰς γραμμὰς ὥσπερ τοῦτο;
ΠΑΙ. Ναί.
ΣΩ. Πόσων οὖν ἔσται ποδῶν;
ΠΑΙ. Ὀκτώ.
ΣΩ. Φέρε δή, πειρῶ μοι εἰπεῖν πηλίκη τις ἔσται ἐκείνου ἡ γραμμὴ ἑκάστη. [e] ἡ μὲν γὰρ τοῦδε δυοῖν ποδοῖν· τί δὲ ἡ ἐκείνου τοῦ διπλασίου;
ΠΑΙ. Δῆλον δή, ὦ Σώκρατες, ὅτι διπλασία.
ΣΩ. Ὁρᾷς, ὦ Μένων, ὡς ἐγὼ τοῦτον οὐδὲν διδάσκω, ἀλλ' ἐρωτῶ πάντα; καὶ νῦν οὗτος οἴεται εἰδέναι ὁποία ἐστὶν ἀφ' ἧς τὸ ὀκτώπουν χωρίον γενήσεται· ἢ οὐ δοκεῖ σοι;
ΜΕΝ. Ἔμοιγε.
ΣΩ. Οἶδεν οὖν;
ΜΕΝ. Οὐ δῆτα.
ΣΩ. Οἴεται δέ γε ἀπὸ τῆς διπλασίας;
ΜΕΝ. Ναί.
ΣΩ. Θεῶ δὴ αὐτὸν ἀναμιμνῃσκόμενον ἐφεξῆς, ὡς δεῖ ἀναμιμνῄσκεσθαι.
Σὺ δέ μοι λέγε· ἀπὸ τῆς διπλασίας γραμμῆς φῂς τὸ διπλάσιον χωρίον γίγνεσθαι; [83a] τοιόνδε λέγω, μὴ ταύτῃ μὲν μακρόν, τῇ δὲ βραχύ, ἀλλὰ ἴσον πανταχῇ ἔστω ὥσπερ

[d] *Sokrates.* Da aber diese auch zwei Fuß lang ist, wird die Fläche doch zweimal zwei ⟨Quadratfuß⟩ groß sein?
Sklave. Das wird sie.
Sokrates. Die Fläche ist also zweimal zwei ⟨Quadrat-⟩Fuß groß.
Sklave. Ja.
Sokrates. Wieviel ist also der Inhalt von zweimal zwei Füßen? Rechne mal!
Sklave. Vier.
Sokrates. Könnte man nicht auch eine doppelt so große Fläche dieser Art machen, also wie dieses mit gleichlangen Seiten?
Sklave. Ja.
Sokrates. Wie groß wird das dann sein?
Sklave. Acht ⟨Quadrat-⟩Fuß.
Sokrates. Nun denn, versuch mal zu sagen, wie lang jede Seite des Quadrats sein wird. [e] Die Seite dieses Quadrats hier ist zwei Fuß lang. Wie lang ist die des doppelt so großen?
Sklave. Offensichtlich doppelt so lang.
Sokrates. Siehst du, Menon, daß ich ihn überhaupt nicht belehre, sondern alles frage? Und jetzt meint er zu wissen, wie lang die Seite eines acht Fuß großen Quadrats sein wird. Oder kommt es dir nicht so vor?
Menon. Doch.
Sokrates. Weiß er es dann?
Menon. Gewiß nicht.
Sokrates. Er glaubt also, doppelt so lang.
Menon. Ja.
Sokrates. Schau nun zu, wie er sich schrittweise erinnert, so wie man sich erinnern muß.
Sag mir nun, Junge, du meinst also, von der doppelten Seite bekommen wir ein doppelt so großes Quadrat? [83a] Ich meine nicht, daß sie an dieser Seite kurz, an der lang sein soll, sondern überall sollen die Seiten gleich lang sein, wie bei diesem, aber doppelt so groß wie dieses, nämlich acht ⟨Qua-

τουτί, διπλάσιον δὲ τούτου, ὀκτώπουν· ἀλλ' ὅρα εἰ ἔτι σοι ἀπὸ τῆς διπλασίας δοκεῖ ἔσεσθαι.
ΠΑΙ. Ἔμοιγε.
ΣΩ. Οὐκοῦν διπλασία αὕτη ταύτης γίγνεται, ἂν ἑτέραν τοσαύτην προσθῶμεν ἐνθένδε;
ΠΑΙ. Πάνυ γε.
ΣΩ. Ἀπὸ ταύτης δή, φῄς, ἔσται τὸ ὀκτώπουν χωρίον, ἂν τέτταρες τοσαῦται γένωνται;
[b] ΠΑΙ. Ναί.
ΣΩ. Ἀναγραψώμεθα δὴ ἀπ' αὐτῆς ἴσας τέτταρας. ἄλλο τι ἢ τουτὶ ἂν εἴη ὃ φῂς τὸ ὀκτώπουν εἶναι;
ΠΑΙ. Πάνυ γε.
ΣΩ. Οὐκοῦν ἐν αὐτῷ ἐστιν ταυτὶ τέτταρα, ὧν ἕκαστον ἴσον τούτῳ ἐστὶν τῷ τετράποδι;
ΠΑΙ. Ναί.
ΣΩ. Πόσον οὖν γίγνεται; οὐ τετράκις τοσοῦτον;
ΠΑΙ. Πῶς δ' οὔ;
ΣΩ. Διπλάσιον οὖν ἐστιν τὸ τετράκις τοσοῦτον;
ΠΑΙ. Οὐ μὰ Δία.
ΣΩ. Ἀλλὰ ποσαπλάσιον;
ΠΑΙ. Τετραπλάσιον.
ΣΩ. Ἀπὸ τῆς διπλασίας ἄρα, ὦ παῖ, [c] οὐ διπλάσιον ἀλλὰ τετραπλάσιον γίγνεται χωρίον.
ΠΑΙ. Ἀληθῆ λέγεις.
ΣΩ. Τεττάρων γὰρ τετράκις ἐστὶν ἑκκαίδεκα. οὐχί;
ΠΑΙ. Ναί.
ΣΩ. Ὀκτώπουν δ' ἀπὸ ποίας γραμμῆς; οὐχὶ ἀπὸ μὲν ταύτης τετραπλάσιον;
ΠΑΙ. Φημί.
ΣΩ. Τετράπουν δὲ ἀπὸ τῆς ἡμισέας ταυτησὶ τουτί;

drat-)Fuß groß. Nun sieh, ob du immer noch meinst, daß wir es von der doppelten Seite bekommen.
Sklave. Ja.
Sokrates. Wird diese Seite nicht doppelt so lang, wenn wir eine genauso lange Strecke von dort an hinzufügen?
Sklave. Genau.
Sokrates. Von dieser also, sagst du, bekommen wir ein acht Fuß großes Quadrat, wenn wir vier solche Seiten haben.
[b] *Sklave.* Ja.
Sokrates. Zeichnen wir also vier gleichlange Seiten von dieser Seite aus. Dann müßte das da dein besagtes acht ⟨Quadrat-⟩ Fuß großes Quadrat sein.
Sklave. Genau.
Sokrates. Sind in diesem nicht vier von den Quadraten, von denen jedes genauso groß ist wie das vier ⟨Quadrat-⟩Fuß große?
Sklave. Ja.
Sokrates. Wie groß ist es dann, nicht viermal so groß?
Sklave. Ja, doch.
Sokrates. Ist doppelt so groß denn soviel wie viermal so groß?
Sklave. Um Gottes willen!
Sokrates. Sondern das Wievielfache?
Sklave. Das Vierfache.
Sokrates. Also von der doppelt so großen Seite, mein Junge, [c] bekommen wir kein doppelt so großes, sondern ein vierfaches Quadrat.
Sklave. Das ist richtig.
Sokrates. Denn viermal vier ist sechzehn, nicht wahr?
Sklave. Ja.
Sokrates. Mit welcher Seite bekommen wir also das acht ⟨Quadrat-⟩Fuß große? Nicht wahr, von dieser Linie bekommen wir ein Vierfaches?
Sklave. Ja.
Sokrates. Und das vier ⟨Quadrat-⟩Fuß große von der Hälfte dieser Linie?

ΠΑΙ. Ναί.
ΣΩ. Εἶεν· τὸ δὲ ὀκτώπουν οὐ τοῦδε μὲν διπλάσιόν ἐστιν, τούτου δὲ ἥμισυ;
⟨ΠΑΙ. Ναί.⟩
ΣΩ. Οὐκ ἀπὸ μὲν μείζονος ἔσται ἢ τοσαύτης γραμμῆς, ἀπὸ ἐλάττονος δὲ ἢ τοσησδί; ἢ οὔ;
[d] ΠΑΙ. Ἔμοιγε δοκεῖ· οὕτω.
ΣΩ. Καλῶς· τὸ γάρ σοι δοκοῦν τοῦτο ἀποκρίνου. καί μοι λέγε· οὐχ ἥδε μὲν δυοῖν ποδοῖν ἦν, ἡ δὲ τεττάρων;
ΠΑΙ. Ναί.
ΣΩ. Δεῖ ἄρα τὴν τοῦ ὀκτώποδος χωρίου γραμμὴν μείζω μὲν εἶναι τῆσδε τῆς δίποδος, ἐλάττω δὲ τῆς τετράποδος.
ΠΑΙ. Δεῖ.
[e] ΣΩ. Πειρῶ δὴ λέγειν πηλίκην τινὰ φῂς αὐτὴν εἶναι.
ΠΑΙ. Τρίποδα.
ΣΩ. Οὐκοῦν ἄνπερ τρίπους ᾖ, τὸ ἥμισυ ταύτης προσληψόμεθα καὶ ἔσται τρίπους; δύο μὲν γὰρ οἵδε, ὁ δὲ εἷς· καὶ ἐνθένδε ὡσαύτως δύο μὲν οἵδε, ὁ δὲ εἷς· καὶ γίγνεται τοῦτο τὸ χωρίον ὃ φῄς.
ΠΑΙ. Ναί.
ΣΩ. Οὐκοῦν ἂν ᾖ τῇδε τριῶν καὶ τῇδε τριῶν, τὸ ὅλον χωρίον τριῶν τρὶς ποδῶν γίγνεται;
ΠΑΙ. Φαίνεται.
ΣΩ. Τρεῖς δὲ τρὶς πόσοι εἰσὶ πόδες;
ΠΑΙ. Ἐννέα.
ΣΩ. Ἔδει δὲ τὸ διπλάσιον πόσων εἶναι ποδῶν;
ΠΑΙ. Ὀκτώ.
ΣΩ. Οὐδ᾽ ἄρ᾽ ἀπὸ τῆς τρίποδός πω τὸ ὀκτώπουν χωρίον γίγνεται.
ΠΑΙ. Οὐ δῆτα.

Sklave. Ja.

Sokrates. Nun, ist das acht ⟨Quadrat-⟩Fuß große Quadrat nicht doppelt so groß wie dieses, aber nur halb so groß wie dieses?

Sklave. Ja.

Sokrates. Bekommen wir es dann nicht von einer Linie, die größer ist als diese, aber kleiner als diese?

[d] *Sklave.* Das glaube ich doch.

Sokrates. Schön, du sollst ja auch das antworten, was du glaubst. Sag mir also: war nicht diese Linie zwei Fuß lang, die andere vier?

Sklave. Ja.

Sokrates. Die Seite für das acht ⟨Quadrat-⟩Fuß große Quadrat muß also größer sein als diese zwei Fuß lange, und kleiner als diese vier Fuß lange Linie.

Sklave. Ja, das muß sie.

[e] *Sokrates.* Dann versuch mir zu sagen, wie lang sie ist!

Sklave. Drei Fuß lang.

Sokrates. Wenn sie denn drei Fuß lang ist (sein soll), werden wir die Hälfte dieser hinzunehmen; ist sie dann nicht drei Fuß lang? Denn diese, sagten wir, war zwei Fuß lang und diese ein Fuß lang, und wir bekommen hier das Quadrat, was du sagst.

Sklave. Ja.

Sokrates. Ist denn nicht, wenn die Seite drei Fuß und die drei Fuß lang ist, das ganze Quadrat dreimal drei ⟨Quadrat-⟩Fuß groß?

Sklave. Es sieht so aus.

Sokrates. Wie viele ⟨Quadrat-⟩Füße sind denn dreimal drei?

Sklave. Neun.

Sokrates. Und wie groß sollte das doppelte Quadrat sein?

Sklave. Acht.

Sokrates. Also haben wir das acht ⟨Quadrat-⟩Fuß große auch nicht von der drei Fuß langen Linie bekommen?

Sklave. Nein, wirklich nicht.

ΣΩ. Ἀλλ' ἀπὸ ποίας; πειρῶ ἡμῖν εἰπεῖν ἀκριβῶς· καὶ εἰ μὴ βούλει ἀριθμεῖν, ἀλλὰ δεῖξον ἀπὸ ποίας.

[84a] ΠΑΙ. Ἀλλὰ μὰ τὸν Δία, ὦ Σώκρατες, ἔγωγε οὐκ οἶδα.

ΣΩ. Ἐννοεῖς αὖ, ὦ Μένων, οὗ ἐστιν ἤδη βαδίζων ὅδε τοῦ ἀναμιμνῄσκεσθαι; ὅτι τὸ μὲν πρῶτον ᾔδει μὲν οὔ, ἥτις ἐστὶν ἡ τοῦ ὀκτώποδος χωρίου γραμμή, ὥσπερ οὐδὲ νῦν πω οἶδεν, ἀλλ' οὖν ᾤετό γ' αὐτὴν τότε εἰδέναι, καὶ θαρραλέως ἀπεκρίνετο ὡς εἰδώς, καὶ οὐχ ἡγεῖτο ἀπορεῖν· νῦν δὲ ἡγεῖται ἀπορεῖν ἤδη, [b] καὶ ὥσπερ οὐκ οἶδεν, οὐδ' οἴεται εἰδέναι.

ΜΕΝ. Ἀληθῆ λέγεις.

ΣΩ. Οὐκοῦν νῦν βέλτιον ἔχει περὶ τὸ πρᾶγμα ὃ οὐκ ᾔδει;

ΜΕΝ. Καὶ τοῦτό μοι δοκεῖ.

ΣΩ. Ἀπορεῖν οὖν αὐτὸν ποιήσαντες καὶ ναρκᾶν ὥσπερ ἡ νάρκη, μῶν τι ἐβλάψαμεν;

ΜΕΝ. Οὐκ ἔμοιγε δοκεῖ.

ΣΩ. Προὔργου γοῦν τι πεποιήκαμεν, ὡς ἔοικε, πρὸς τὸ ἐξευρεῖν ὅπῃ ἔχει· νῦν μὲν γὰρ καὶ ζητήσειεν ἂν ἡδέως οὐκ εἰδώς, τότε δὲ ῥᾳδίως ἂν καὶ πρὸς πολλοὺς καὶ πολλάκις ᾤετ' ἂν εὖ λέγειν περὶ τοῦ διπλασίου χωρίου, [c] ὡς δεῖ διπλασίαν τὴν γραμμὴν ἔχειν μήκει.

ΜΕΝ. Ἔοικεν.

ΣΩ. Οἴει οὖν ἂν αὐτὸν πρότερον ἐπιχειρῆσαι ζητεῖν ἢ μανθάνειν τοῦτο ὃ ᾤετο εἰδέναι οὐκ εἰδώς, πρὶν εἰς ἀπορίαν κατέπεσεν ἡγησάμενος μὴ εἰδέναι, καὶ ἐπόθησεν τὸ εἰδέναι;

ΜΕΝ. Οὔ μοι δοκεῖ, ὦ Σώκρατες.

ΣΩ. Ὤνητο ἄρα ναρκήσας;

Sokrates. Aber von welcher bekommen wir es dann? Versuch es uns genau zu sagen, und wenn du es nicht in Zahlen sagen willst, dann zeige sie wenigstens.

[84a] *Sklave.* Aber um Gottes willen, das weiß ich einfach nicht.

Sokrates. Merkst du, Menon, welche Fortschritte er schon im Erinnern macht? Zuerst wußte er nicht, welches die Seite eines acht ⟨Quadrat-⟩Fuß großen Quadrats ist, genausowenig wie er es jetzt weiß. Aber vorher glaubte er, es zu wissen, und antwortete forsch, so als ob er es wüßte, und wähnte sich durchaus nicht in der Lage, nicht mehr weiterzuwissen; jetzt aber schon, [b] d. h. jetzt weiß er es nicht und glaubt auch nicht, es zu wissen.

Menon. Das stimmt.

Sokrates. Hat er nun nicht einen besseren Zugang zu der Sache, die er nicht wußte?

Menon. Auch das stimmt wohl.

Sokrates. Indem wir ihn in die Lage trieben, nicht weiterzuwissen, und ihn wie der Zitterrochen betäubten, haben wir ihm dadurch wohl geschadet?

Menon. Das glaube ich nicht.

Sokrates. Wir haben statt dessen anscheinend etwas gemacht, was ihm zustatten kommt, wenn er herausfinden will, wie es sich wirklich verhält. Denn jetzt möchte er wirklich gerne die Antwort suchen, die er nicht weiß, vorher glaubte er nur sich mit Leichtigkeit vor vielen Leuten und bei vielen Gelegenheiten gut darüber auslassen zu können, [c] daß das doppelt so große Quadrat auch die doppelt so lange Seitenlänge hat.

Menon. Es sieht so aus.

Sokrates. Glaubst du, daß er vorher, bevor er in diese Lage geriet, nämlich sich für nichtwissend hielt und nach Wissen sehnte, daß er sich also vorher bemüht hätte, die Suche darauf zu richten und das zu lernen, was er doch glaubte zu wissen, obwohl er es doch nicht wußte?

Menon. Das glaube ich nicht.

Sokrates. Das Betäubtsein hat ihm also genutzt.

ΜΕΝ. Δοκεῖ μοι.
ΣΩ. Σκέψαι δὴ ἐκ ταύτης τῆς ἀπορίας ὅτι καὶ ἀνευρήσει ζητῶν μετ' ἐμοῦ, οὐδὲν ἀλλ' ἢ ἐρωτῶντος ἐμοῦ καὶ οὐ διδάσκοντος· [d] φύλαττε δὲ ἄν που εὕρῃς με διδάσκοντα καὶ διεξιόντα αὐτῷ, ἀλλὰ μὴ τὰς τούτου δόξας ἀνερωτῶντα.
Λέγε γάρ μοι σύ· οὐ τὸ μὲν τετράπουν τοῦτο ἡμῖν ἐστι χωρίον; μανθάνεις;
ΠΑΙ. Ἔγωγε.
ΣΩ. Ἕτερον δὲ αὐτῷ προσθεῖμεν ἂν τουτὶ ἴσον;
ΠΑΙ. Ναί.
ΣΩ. Καὶ τρίτον τόδε ἴσον ἑκατέρῳ τούτων;
ΠΑΙ. Ναί.
ΣΩ. Οὐκοῦν προσαναπληρωσαίμεθ' ἂν τὸ ἐν τῇ γωνίᾳ τόδε;
ΠΑΙ. Πάνυ γε.
ΣΩ. Ἄλλο τι οὖν γένοιτ' ἂν τέτταρα ἴσα χωρία τάδε;
[e] ΠΑΙ. Ναί.
ΣΩ. Τί οὖν; τὸ ὅλον τόδε ποσαπλάσιον τοῦδε γίγνεται;
ΠΑΙ. Τετραπλάσιον.
ΣΩ. Ἔδει δέ γε διπλάσιον ἡμῖν γενέσθαι· ἢ οὐ μέμνησαι;
ΠΑΙ. Πάνυ γε.
ΣΩ. Οὐκοῦν ἐστιν αὕτη γραμμὴ ἐκ γωνίας εἰς γωνίαν [τινὰ] τέμνουσα δίχα ἕκαστον τούτων τῶν χωρίων;
[85a] ΠΑΙ. Ναί.
ΣΩ. Οὐκοῦν τέτταρες αὗται γίγνονται γραμμαὶ ἴσαι, περιέχουσαι τουτὶ τὸ χωρίον;
ΠΑΙ. Γίγνονται γάρ.
ΣΩ. Σκόπει δή· πηλίκον τί ἐστιν τοῦτο τὸ χωρίον;
ΠΑΙ. Οὐ μανθάνω.
ΣΩ. Οὐχὶ τεττάρων ὄντων τούτων ἥμισυ ἑκάστου ἑκάστη ἡ γραμμὴ ἀποτέτμηκεν ἐντός; ἢ οὔ;

Menon. Ich finde, ja.
Sokrates. Sieh nun, was er aus dieser Lage durch die gemeinsame Suche mit mir finden wird, obwohl ich nichts anderes tue als fragen und nicht belehre. [d] Paß auf, ob du mich dabei erwischst, daß ich ihn belehre und ihm vortrage, anstatt seine Meinungen zu untersuchen.
Sag mir nun, mein Junge, wir haben hier das Quadrat von vier Fuß Inhalt, ja?
Sklave. Ja.
Sokrates. Ein anderes, genauso großes können wir ihm doch hinzufügen.
Sklave. Ja.
Sokrates. Und ein drittes, das genauso groß ist wie jedes von beiden.
Sklave. Ja.
Sokrates. Und in der Ecke können wir dann das auffüllen?
Sklave. Klar.
Sokrates. So haben wir vier gleich große Quadrate bekommen.
[e] *Sklave.* Ja.
Sokrates. Was weiter? Dieses Ganze hier ist das Wievielfache von diesem?
Sklave. Das Vierfache.
Sokrates. Wir wollen aber das doppelte bekommen, oder erinnerst du dich nicht?
Sklave. Doch freilich.
Sokrates. Schneidet nicht diese Linie von Winkel zu Winkel jedes dieser Quadrate genau in Hälften?
[85a] *Sklave.* Ja.
Sokrates. Bekommen wir so nicht diese vier gleichen Linien, die diese Fläche einschließen?
Sklave. Ja, die bekommen wir.
Sokrates. Überleg nun, wie groß ist diese Fläche?
Sklave. Ich verstehe nicht.
Sokrates. Hat nicht bei diesen vier Quadraten jede Linie die Hälfte eines jeden Quadrats innen abgetrennt?[18]

ΠΑΙ. Ναί.
ΣΩ. Πόσα οὖν τηλικαῦτα ἐν τούτῳ ἔνεστιν;
ΠΑΙ. Τέτταρα.
ΣΩ. Πόσα δὲ ἐν τῷδε;
ΠΑΙ. Δύο.
ΣΩ. Τὰ δὲ τέτταρα τοῖν δυοῖν τί ἐστιν;
ΠΑΙ. Διπλάσια.
ΣΩ. Τόδε οὖν ποσάπουν γίγνεται;
[b] ΠΑΙ. Ὀκτώπουν.
ΣΩ. Ἀπὸ ποίας γραμμῆς;
ΠΑΙ. Ἀπὸ ταύτης.
ΣΩ. Ἀπὸ τῆς ἐκ γωνίας εἰς γωνίαν τεινούσης τοῦ τετράποδος;
ΠΑΙ. Ναί.
ΣΩ. Καλοῦσιν δέ γε ταύτην διάμετρον οἱ σοφισταί· ὥστ' εἰ ταύτῃ διάμετρος ὄνομα, ἀπὸ τῆς διαμέτρου ἄν, ὡς σὺ φῄς, ὦ παῖ Μένωνος, γίγνοιτ' ἂν τὸ διπλάσιον χωρίον.
ΠΑΙ. Πάνυ μὲν οὖν, ὦ Σώκρατες.
ΣΩ. Τί σοι δοκεῖ, ὦ Μένων; ἔστιν ἥντινα δόξαν οὐχ αὑτοῦ οὗτος ἀπεκρίνατο;
[c] ΜΕΝ. Οὔκ, ἀλλ' ἑαυτοῦ.
ΣΩ. Καὶ μὴν οὐκ ᾔδει γε, ὡς ἔφαμεν ὀλίγον πρότερον.
ΜΕΝ. Ἀληθῆ λέγεις.
ΣΩ. Ἐνῆσαν δέ γε αὐτῷ αὗται αἱ δόξαι· ἢ οὔ;
ΜΕΝ. Ναί.
ΣΩ. Τῷ οὐκ εἰδότι ἄρα περὶ ὧν ἂν μὴ εἰδῇ ἔνεισιν ἀληθεῖς δόξαι περὶ τούτων ὧν οὐκ οἶδε;
ΜΕΝ. Φαίνεται.
ΣΩ. Καὶ νῦν μέν γε αὐτῷ ὥσπερ ὄναρ ἄρτι ἀνακεκίνηνται αἱ δόξαι αὗται· εἰ δὲ αὐτόν τις ἀνερήσεται πολλάκις τὰ αὐτὰ ταῦτα καὶ πολλαχῇ, οἶσθ' ὅτι τελευτῶν οὐδενὸς ἧττον ἀκριβῶς [d] ἐπιστήσεται περὶ τούτων.

Sklave. Ja.
Sokrates. Wie viele von diesen Hälften sind denn in diesem drin?
Sklave. Vier.
Sokrates. Und wie viele in diesem?
Sklave. Zwei.
Sokrates. Und was ist vier im Verhältnis zu zwei?
Sklave. Das Doppelte.
Sokrates. Also wieviel ⟨Quadrat-⟩Fuß ist dieses groß?
[b] *Sklave.* Acht.
Sokrates. Von welcher Linie bekommen wir es?
Sklave. Von dieser.
Sokrates. Von der Linie, die sich im Quadrat von Winkel zu Winkel spannt.
Sklave. Ja.
Sokrates. Nennen die Gebildeten diese Linie nicht Diagonale? Wenn der Name dieser Linie also Diagonale ist, bekommen wir von der Diagonalen, wie du sagst, mein Junge, das doppelt so große Quadrat.
Sklave. Ganz genau so ist es, Sokrates.
Sokrates. Findest du, Menon, daß er irgendeine Meinung geäußert hat, die nicht seine eigene ist?
[c] *Menon.* Nein, nur seine eigene.
Sokrates. Und er wußte es nicht, wie wir vorher feststellten.
Menon. Das ist richtig.
Sokrates. Diese Meinungen waren also in ihm, oder etwa nicht?
Menon. Ja.
Sokrates. Also, wer etwas nicht weiß, der hat in sich wahre Meinungen über das, was er nicht weiß.
Menon. Es sieht so aus.
Sokrates. Und jetzt gerade sind diese Meinungen bei ihm wie ein Traum hochgekommen. Und du weißt, wenn ihn jemand häufiger und auf verschiedene Weise über dasselbe befragte, wird er schließlich wie jeder andere [d] über diese Dinge genau Bescheid wissen?

ΜΕΝ. Ἔοικεν.

ΣΩ. Οὐκοῦν οὐδενὸς διδάξαντος ἀλλ᾽ ἐρωτήσαντος ἐπιστήσεται, ἀναλαβὼν αὐτὸς ἐξ αὑτοῦ τὴν ἐπιστήμην;

ΜΕΝ. Ναί.

ΣΩ. Τὸ δὲ ἀναλαμβάνειν αὐτὸν ἐν αὑτῷ ἐπιστήμην οὐκ ἀναμιμνῄσκεσθαί ἐστιν;

ΜΕΝ. Πάνυ γε.

ΣΩ. Ἆρ᾽ οὖν οὐ τὴν ἐπιστήμην, ἣν νῦν οὗτος ἔχει, ἤτοι ἔλαβέν ποτε ἢ ἀεὶ εἶχεν;

ΜΕΝ. Ναί.

ΣΩ. Οὐκοῦν εἰ μὲν ἀεὶ εἶχεν, ἀεὶ καὶ ἦν ἐπιστήμων· εἰ δὲ ἔλαβέν ποτε, οὐκ ἂν ἔν γε τῷ νῦν βίῳ εἰληφὼς εἴη. ἢ δεδίδαχέν τις τοῦτον γεωμετρεῖν; [e] οὗτος γὰρ ποιήσει περὶ πάσης γεωμετρίας ταὐτὰ ταῦτα, καὶ τῶν ἄλλων μαθημάτων ἁπάντων. ἔστιν οὖν ὅστις τοῦτον πάντα δεδίδαχεν; δίκαιος γάρ που εἶ εἰδέναι, ἄλλως τε ἐπειδὴ ἐν τῇ σῇ οἰκίᾳ γέγονεν καὶ τέθραπται.

ΜΕΝ. Ἀλλ᾽ οἶδα ἔγωγε ὅτι οὐδεὶς πώποτε ἐδίδαξεν.

ΣΩ. Ἔχει δὲ ταύτας τὰς δόξας, ἢ οὐχί;

ΜΕΝ. Ἀνάγκη, ὦ Σώκρατες, φαίνεται.

ΣΩ. Εἰ δὲ μὴ ἐν τῷ νῦν βίῳ λαβών, οὐκ ἤδη τοῦτο δῆλον, [86a] ὅτι ἐν ἄλλῳ τινὶ χρόνῳ εἶχε καὶ ἐμεμαθήκει;

ΜΕΝ. Φαίνεται.

ΣΩ. Οὐκοῦν οὗτός γέ ἐστιν ὁ χρόνος ὅτ᾽ οὐκ ἦν ἄνθρωπος;

ΜΕΝ. Ναί.

ΣΩ. Εἰ οὖν ὅν τ᾽ ἂν ᾖ χρόνον καὶ ὃν ἂν μὴ ᾖ ἄνθρωπος, ἐνέσονται αὐτῷ ἀληθεῖς δόξαι, αἳ ἐρωτήσει ἐπεγερθεῖσαι ἐπιστῆμαι γίγνονται, ἆρ᾽ οὖν τὸν ἀεὶ χρόνον μεμαθηκυῖα ἔσται ἡ ψυχὴ αὐτοῦ; δῆλον γὰρ ὅτι τὸν πάντα χρόνον ἔστιν ἢ οὐκ ἔστιν ἄνθρωπος.

ΜΕΝ. Φαίνεται.

[b] ΣΩ. Οὐκοῦν εἰ ἀεὶ ἡ ἀλήθεια ἡμῖν τῶν ὄντων ἐστὶν ἐν

Menon. Wahrscheinlich.
Sokrates. Obwohl er von niemandem belehrt, sondern nur befragt wurde, wird er doch zu Wissen kommen, indem er selbst aus sich das Wissen hervorholt?
Menon. Ja.
Sokrates. Und ›selbst aus sich das Wissen hervorholen‹ heißt das nicht ›sich erinnern‹?
Menon. Ja, sicher.
Sokrates. Hat er demnach nicht das Wissen, das er jetzt hat, entweder vorher bekommen oder immer gehabt?
Menon. Ja.
Sokrates. Und wenn er es schon immer hatte, war er auch schon immer wissend, oder wenn er es vorher bekommen hat, dann wird es nicht in diesem Leben gewesen sein. Oder hat ihm jemand Geometrie beigebracht? [e] Er wird es nämlich auf jedem geometrischen Gebiet genauso machen und bei allem anderen, was man lernen kann. Gibt es denn jemanden, der ihm das beigebracht hat? Du mußt es doch wissen, da er ja in deinem Hause geboren und aufgewachsen ist!
Menon. Ich weiß genau, daß ihn niemand unterrichtet hat.
Sokrates. Hat er nun diese Meinungen oder nicht?
Menon. Ja, das ist doch ganz offensichtlich.
Sokrates. Wenn er sie nicht in diesem Leben angenommen hat, ist dann nicht schon sicher, [86a] daß er sie zu einer anderen Zeit erworben und gelernt hat?
Menon. Sieht so aus.
Sokrates. Wohl in der Zeit, in der er noch nicht als Mensch geboren war?
Menon. Ja.
Sokrates. Wenn er nun in der Zeit, in der er Mensch ist, und in der Zeit, in der er es nicht ist, wahre Meinungen hat, die, durch Fragen aufgerührt, zu Wissen werden, wird seine Seele dann nicht immer schon gelernt haben? Denn es ist doch klar, daß er die ganze Zeit entweder Mensch ist oder nicht.
Menon. Offensichtlich.
[b] *Sokrates.* Und wenn immer schon die Wahrheit über die

τῇ ψυχῇ, ἀθάνατος ἂν ἡ ψυχὴ εἴη, ὥστε θαρροῦντα χρὴ ὃ μὴ τυγχάνεις ἐπιστάμενος νῦν – τοῦτο δ' ἐστὶν ὃ μὴ μεμνημένος – ἐπιχειρεῖν ζητεῖν καὶ ἀναμιμνῄσκεσθαι;
ΜΕΝ. Εὖ μοι δοκεῖς λέγειν, ὦ Σώκρατες, οὐκ οἶδ' ὅπως.
ΣΩ. Καὶ γὰρ ἐγὼ ἐμοί, ὦ Μένων. καὶ τὰ μέν γε ἄλλα οὐκ ἂν πάνυ ὑπὲρ τοῦ λόγου διισχυρισαίμην· ὅτι δ' οἰόμενοι δεῖν ζητεῖν ἅ μή τις οἶδεν βελτίους ἂν εἶμεν καὶ ἀνδρικώτεροι καὶ ἧττον ἀργοὶ ἢ εἰ οἰοίμεθα ἃ μὴ ἐπιστάμεθα μηδὲ δυνατὸν εἶναι εὑρεῖν μηδὲ δεῖν ζητεῖν, [c] περὶ τούτου πάνυ ἂν διαμαχοίμην, εἰ οἷός τε εἴην, καὶ λόγῳ καὶ ἔργῳ.
ΜΕΝ. Καὶ τοῦτο μέν γε δοκεῖς μοι εὖ λέγειν, ὦ Σώκρατες.
ΣΩ. Βούλει οὖν, ἐπειδὴ ὁμονοοῦμεν ὅτι ζητητέον περὶ οὗ μή τις οἶδεν, ἐπιχειρήσωμεν κοινῇ ζητεῖν τί ποτ' ἐστὶν ἀρετή;
ΜΕΝ. Πάνυ μὲν οὖν. οὐ μέντοι, ὦ Σώκρατες, ἀλλ' ἔγωγε ἐκεῖνο ἂν ἥδιστα, ὅπερ ἠρόμην τὸ πρῶτον, καὶ σκεψαίμην καὶ ἀκούσαιμι, πότερον ὡς διδακτῷ ὄντι αὐτῷ δεῖ ἐπιχειρεῖν, [d] ἢ ὡς φύσει ἢ ὡς τίνι ποτὲ τρόπῳ παραγιγνομένης τοῖς ἀνθρώποις τῆς ἀρετῆς.
ΣΩ. Ἀλλ' εἰ μὲν ἐγὼ ἦρχον, ὦ Μένων, μὴ μόνον ἐμαυτοῦ ἀλλὰ καὶ σοῦ, οὐκ ἂν ἐσκεψάμεθα πρότερον εἴτε διδακτὸν εἴτε οὐ διδακτὸν ἡ ἀρετή, πρὶν ὅτι ἐστὶν πρῶτον ἐζητήσαμεν αὐτό· ἐπειδὴ δὲ σὺ σαυτοῦ μὲν οὐδ' ἐπιχειρεῖς ἄρχειν, ἵνα δὴ ἐλεύθερος ᾖς, ἐμοῦ δὲ ἐπιχειρεῖς τε ἄρχειν καὶ ἄρχεις, συγχωρήσομαί σοι – τί γὰρ χρὴ ποιεῖν; – ἔοικεν οὖν σκεπτέον εἶναι ποῖόν τί ἐστιν ὃ μήπω ἴσμεν ὅτι ἐστίν. [e] εἰ μή τι οὖν ἀλλὰ σμικρόν γέ μοι τῆς ἀρχῆς χάλασον, καὶ συγχώρησον ἐξ ὑποθέσεως αὐτὸ σκοπεῖσθαι, εἴτε διδακτόν ἐστιν εἴτε ὁπωσοῦν. λέγω δὲ τὸ ἐξ

Wirklichkeit in der Seele ist, ist die Seele unsterblich. Deshalb mußt du Mut haben und dich bemühen, auf das, was du zufällig jetzt nicht weißt – es ist nur etwas, an das du dich nicht erinnerst –, die Suche zu richten und dich zu erinnern.
Menon. Das hast du aber irgendwie schön gesagt.
Sokrates. Das finde ich auch. Zwar will ich das übrige für unsere Rede eigentlich nicht fest vertreten, aber daß wir in dem Glauben, suchen zu müssen, was man nicht weiß, besser werden und mutiger und weniger träge, als wenn wir meinten, daß wir das, was wir nicht wissen, auch gar nicht finden können und dann erst gar nicht zu suchen brauchen, [c] dafür möchte ich allerdings kämpfen, wenn ich könnte, mit Wort und Tat.
Menon. Das hast du auch wieder schön gesagt.
Sokrates. Da wir ja dann einer Meinung sind, daß man das suchen muß, was man nicht weiß, wollen wir uns bemühen, gemeinsam die Suche darauf zu richten, was eigentlich Gutsein ist.
Menon. Ja, sicher. Allerdings würde ich lieber auf die ursprüngliche Frage zurückkommen, nämlich darüber nachdenken und hören, ob man versuchen muß, das Gutsein als lehrbar aufzufassen [d] oder als etwas, das die Menschen aufgrund natürlicher Begabung oder auf irgendeine andere Weise erlangen.
Sokrates. Wenn ich nicht nur mich selbst, sondern auch dich im Griff hätte, würden wir nicht überlegen, ob man Gutsein lehren kann oder nicht, bevor wir nicht zuerst untersucht hätten, was es ist. Weil du nun, um frei zu sein, gar nicht versuchst, dich selbst im Griff zu haben, aber über mich die Oberhand haben willst und es auch schaffst, werde ich dir nachgeben; was soll ich auch tun? Wir müssen also, wie es aussieht, überlegen, wie etwas beschaffen ist, von dem wir noch nicht wissen, was es ist. [e] Aber wenn du schon darin nicht nachgibst, dann laß wenigstens ein bißchen im Griff locker und erlaube, daß wir das Problem, ob Gutsein lehrbar ist oder was auch immer, von einer Voraussetzung aus

ὑποθέσεως ὧδε, ὥσπερ οἱ γεωμέτραι πολλάκις σκοποῦνται, ἐπειδάν τις ἔρηται αὐτούς, οἷον περὶ χωρίου, εἰ οἷόν τε ἐς τόνδε τὸν κύκλον τόδε τὸ χωρίον τρίγωνον ἐνταθῆναι, εἴποι ἄν τις ὅτι [87a] «Οὔπω οἶδα εἰ ἔστιν τοῦτο τοιοῦτον, ἀλλ᾽ ὥσπερ μέν τινα ὑπόθεσιν προὔργου οἶμαι ἔχειν πρὸς τὸ πρᾶγμα τοιάνδε· εἰ μέν ἐστιν τοῦτο τὸ χωρίον τοιοῦτον οἷον παρὰ τὴν δοθεῖσαν αὐτοῦ γραμμὴν παρατείναντα ἐλλείπειν τοιούτῳ χωρίῳ οἷον ἂν αὐτὸ τὸ παρατεταμένον ᾖ, ἄλλο τι συμβαίνειν μοι δοκεῖ, καὶ ἄλλο αὖ, εἰ ἀδύνατόν ἐστιν ταῦτα παθεῖν. ὑποθέμενος οὖν ἐθέλω εἰπεῖν σοι τὸ συμβαῖνον [b] περὶ τῆς ἐντάσεως αὐτοῦ εἰς τὸν κύκλον, εἴτε ἀδύνατον εἴτε μή.» οὕτω δὴ καὶ περὶ ἀρετῆς ἡμεῖς, ἐπειδὴ οὐκ ἴσμεν οὔθ' ὅτι ἐστὶν οὔθ' ὁποῖόν τι, ὑποθέμενοι αὐτὸ σκοπῶμεν εἴτε διδακτὸν εἴτε οὐ διδακτόν ἐστιν, ὧδε λέγοντες· Εἰ ποῖόν τί ἐστιν τῶν περὶ τὴν ψυχὴν ὄντων ἀρετή, διδακτὸν ἂν εἴη ἢ οὐ διδακτόν; πρῶτον μὲν δὴ εἰ ἔστιν ἀλλοῖον ἢ οἷον ἐπιστήμη, ἆρα διδακτὸν ἢ οὔ, ἢ ὃ νυνδὴ ἐλέγομεν, ἀναμνηστόν – διαφερέτω δὲ μηδὲν ἡμῖν ὁποτέρῳ ἂν τῷ ὀνόματι χρώμεθα – [c] ἀλλ᾽ ἆρα διδακτόν; ἢ τοῦτό γε παντὶ δῆλον, ὅτι οὐδὲν ἄλλο διδάσκεται ἄνθρωπος ἢ ἐπιστήμην;

ΜΕΝ. Ἔμοιγε δοκεῖ.

ΣΩ. Εἰ δέ γ' ἐστὶν ἐπιστήμη τις ἡ ἀρετή, δῆλον ὅτι διδακτὸν ἂν εἴη.

ΜΕΝ. Πῶς γὰρ οὔ;

ΣΩ. Τούτου μὲν ἄρα ταχὺ ἀπηλλάγμεθα, ὅτι τοιοῦδε μὲν ὄντος διδακτόν, τοιοῦδε δ' οὔ.

ΜΕΝ. Πάνυ γε.

ΣΩ. Τὸ δὴ μετὰ τοῦτο, ὡς ἔοικε, δεῖ σκέψασθαι πότερόν ἐστιν ἐπιστήμη ἡ ἀρετὴ ἢ ἀλλοῖον ἐπιστήμης.

[d] ΜΕΝ. Ἔμοιγε δοκεῖ τοῦτο μετὰ τοῦτο σκεπτέον εἶναι.

ΣΩ. Τί δὲ δή; ἄλλο τι ἢ ἀγαθὸν αὐτό φαμεν εἶναι τὴν ἀρετήν, καὶ αὕτη ἡ ὑπόθεσις μένει ἡμῖν, ἀγαθὸν αὐτὸ εἶναι;

betrachten. Ich meine mit ›von einer Voraussetzung aus‹ etwas von der Art, wie die, die sich mit Geometrie befassen, oft überlegen, z. B. wenn sie gefragt werden, ob eine gegebene Fläche als Dreieck in einen gegebenen Kreis eingeschrieben werden kann, [87a] und einer sagte: »Ich weiß zwar noch nicht, ob die Fläche so beschaffen ist, ⟨daß sie eingeschrieben werden kann,⟩ aber ich glaube, daß sozusagen eine Voraussetzung folgender Art für die Lösung hilfreich ist: Wenn diese Fläche so beschaffen ist, daß sie, an die gegebene Strecke angelegt, eine ebenso große Fläche wie die angelegte zurückläßt, folgt anscheinend etwas anderes, als wenn das nicht möglich wäre. Also mit Hilfe dieser Voraussetzung will ich dir gern die Folgerung daraus sagen, [b] ob die Einschreibung der Fläche in den Kreis möglich ist oder nicht.« Da wir ja nicht wissen, was das Gutsein ist und wie es beschaffen ist, wollen wir auch die Frage, ob es lehrbar ist oder nicht, mit Hilfe folgender Voraussetzung überlegen: Wie müßte Gutsein als etwas Seelisches beschaffen sein, um lehrbar zu sein oder nicht? Zunächst: wenn es etwas anderes als Wissen ist, wäre es lehrbar oder nicht, oder wie wir sagten ›erinnerbar‹, denn das unterscheidet sich für uns nur noch im Wortgebrauch, [c] also können wir ruhig sagen ›lehrbar‹? Oder ist nicht jedem klar, daß das, was man einen Menschen lehrt, ausschließlich Wissen ist?

Menon. Ich finde schon.

Sokrates. Wenn also Gutsein eine Art Wissen ist, ist es offensichtlich lehrbar.

Menon. Wie denn auch nicht?

Sokrates. Das hätten wir also schnell erledigt, daß es in einem Fall lehrbar ist, in dem anderen nicht.

Menon. Ganz genau.

Sokrates. Jetzt muß man anschließend überlegen, ob Gutsein Wissen ist oder etwas anderes als Wissen.

[d] *Menon.* Ich finde auch, das muß man dann überlegen.

Sokrates. Also: Wir sagen doch, Gutsein ist nichts anderes als gut, und diese Voraussetzung bleibt uns, daß es gut ist.[19]

ΜΕΝ. Πάνυ μὲν οὖν.
ΣΩ. Οὐκοῦν εἰ μέν τί ἐστιν ἀγαθὸν καὶ ἄλλο χωριζόμενον ἐπιστήμης, τάχ' ἂν εἴη ἡ ἀρετὴ οὐκ ἐπιστήμη τις· εἰ δὲ μηδέν ἐστιν ἀγαθὸν ὃ οὐκ ἐπιστήμη περιέχει, ἐπιστήμην ἄν τιν' αὐτὸ ὑποπτεύοντες εἶναι ὀρθῶς ὑποπτεύοιμεν.
ΜΕΝ. Ἔστι ταῦτα.
ΣΩ. Καὶ μὴν ἀρετῇ γ' ἐσμὲν ἀγαθοί;
[e] ΜΕΝ. Ναί.
ΣΩ. Εἰ δὲ ἀγαθοί, ὠφέλιμοι· πάντα γὰρ τἀγαθὰ ὠφέλιμα. οὐχί;
ΜΕΝ. Ναί.
ΣΩ. Καὶ ἡ ἀρετὴ δὴ ὠφέλιμόν ἐστιν;
ΜΕΝ. Ἀνάγκη ἐκ τῶν ὡμολογημένων.
ΣΩ. Σκεψώμεθα δὴ καθ' ἕκαστον ἀναλαμβάνοντες ποῖά ἐστιν ἃ ἡμᾶς ὠφελεῖ. ὑγίεια, φαμέν, καὶ ἰσχὺς καὶ κάλλος καὶ πλοῦτος δή· ταῦτα λέγομεν καὶ τὰ τοιαῦτα ὠφέλιμα. οὐχί;
[88a] ΜΕΝ. Ναί.
ΣΩ. Ταὐτὰ δὲ ταῦτά φαμεν ἐνίοτε καὶ βλάπτειν· ἢ σὺ ἄλλως φῂς ἢ οὕτως;
ΜΕΝ. Οὔκ, ἀλλ' οὕτως.
ΣΩ. Σκόπει δή, ὅταν τί ἑκάστου τούτων ἡγῆται, ὠφελεῖ ἡμᾶς, καὶ ὅταν τί, βλάπτει; ἆρ' οὐχ ὅταν μὲν ὀρθὴ χρῆσις, ὠφελεῖ, ὅταν δὲ μή, βλάπτει;
ΜΕΝ. Πάνυ γε.
ΣΩ. Ἔτι τοίνυν καὶ τὰ κατὰ τὴν ψυχὴν σκεψώμεθα. σωφροσύνην τι καλεῖς καὶ δικαιοσύνην καὶ ἀνδρείαν καὶ εὐμαθίαν καὶ μνήμην καὶ μεγαλοπρέπειαν καὶ πάντα τὰ τοιαῦτα;
[b] ΜΕΝ. Ἔγωγε.
ΣΩ. Σκόπει δή, τούτων ἅττα σοι δοκεῖ μὴ ἐπιστήμη εἶναι ἀλλ' ἄλλο ἐπιστήμης, εἰ οὐχὶ τοτὲ μὲν βλάπτει, τοτὲ δὲ ὠφελεῖ; οἷον ἀνδρεία, εἰ μὴ ἔστι φρόνησις ἡ ἀνδρεία

Menon. Ja, bestimmt.
Sokrates. Wenn auch etwas anderes gut ist, das nicht mit Wissen zusammenhängt, dann könnte Gutsein wohl auch nicht eine Art Wissen sein. Wenn es aber nichts Gutes gibt, was nicht Wissen mit einschließt, dann wäre die Annahme wohl richtig, daß Gutsein Wissen ist.
Menon. Das stimmt.
Sokrates. Sind wir nicht durch Gutsein gut?
[e] *Menon.* Ja.
Sokrates. Wenn aber gut, dann nützlich, denn alles Gute ist nützlich, nicht wahr?
Menon. Doch.
Sokrates. Und das Gutsein ist nützlich.
Menon. Das geht wohl zwingend aus dem hervor, was wir zugestanden haben.
Sokrates. Überlegen wir doch einmal, was uns nützt, eins nach dem anderen. Gesundheit und Stärke, Schönheit und Reichtum. Das und so etwas nennen wir doch nützlich, nicht wahr?
[88a] *Menon.* Ja.
Sokrates. Von diesen Dingen sagen wir manchmal aber auch, daß sie schaden, oder sagst du es nicht so?
Menon. Doch, allerdings.
Sokrates. Dann überlege einmal: Wann nutzen sie uns und wann schaden sie uns, und was ist bei jedem einzelnen Fall dann leitend? Ist es nicht so, wenn der rechte Gebrauch es leitet, nutzt es, wenn nicht, schadet es?
Menon. Ja, sicher.
Sokrates. Laß uns nun noch das Seelische vornehmen. Du nennst doch etwas Besonnenheit, Gerechtigkeit, Mut, Intelligenz, Gedächtnisstärke und Großzügigkeit und so fort?
[b] *Menon.* Ja, sicher.
Sokrates. Überlege einmal, ob nicht das, was dir davon nicht als Wissen vorkommt, sondern als etwas anderes als Wissen, mal schadet, mal nutzt? Zum Beispiel: Mut, wenn Mut nicht Überlegung ist, sondern sozusagen eine Art Tollkühnheit,

ἀλλ' οἷον θάρρος τι· οὐχ ὅταν μὲν ἄνευ νοῦ θαρρῇ ἄνθρωπος, βλάπτεται, ὅταν δὲ σὺν νῷ, ὠφελεῖται;
ΜΕΝ. Ναί.
ΣΩ. Οὐκοῦν καὶ σωφροσύνη ὡσαύτως καὶ εὐμαθία· μετὰ μὲν νοῦ καὶ μανθανόμενα καὶ καταρτυόμενα ὠφέλιμα, ἄνευ δὲ νοῦ βλαβερά;
ΜΕΝ. Πάνυ σφόδρα.
[c] ΣΩ. Οὐκοῦν συλλήβδην πάντα τὰ τῆς ψυχῆς ἐπιχειρήματα καὶ καρτερήματα ἡγουμένης μὲν φρονήσεως εἰς εὐδαιμονίαν τελευτᾷ, ἀφροσύνης δ' εἰς τοὐναντίον;
ΜΕΝ. Ἔοικεν.
ΣΩ. Εἰ ἄρα ἀρετὴ τῶν ἐν τῇ ψυχῇ τί ἐστιν καὶ ἀναγκαῖον αὐτῷ ὠφελίμῳ εἶναι, φρόνησιν αὐτὸ δεῖ εἶναι, ἐπειδήπερ πάντα τὰ κατὰ τὴν ψυχὴν αὐτὰ μὲν καθ' αὑτὰ οὔτε ὠφέλιμα οὔτε βλαβερά ἐστιν, προσγενομένης δὲ φρονήσεως ἢ ἀφροσύνης [d] βλαβερά τε καὶ ὠφέλιμα γίγνεται. κατὰ δὴ τοῦτον τὸν λόγον ὠφέλιμόν γε οὖσαν τὴν ἀρετὴν φρόνησιν δεῖ τιν' εἶναι.
ΜΕΝ. Ἔμοιγε δοκεῖ.
ΣΩ. Καὶ μὲν δὴ καὶ τἆλλα ἃ νυνδὴ ἐλέγομεν, πλοῦτόν τε καὶ τὰ τοιαῦτα, τοτὲ μὲν ἀγαθὰ τοτὲ δὲ βλαβερὰ εἶναι, ἆρα οὐχ ὥσπερ τῇ ἄλλῃ ψυχῇ ἡ φρόνησις ἡγουμένη ὠφέλιμα τὰ τῆς ψυχῆς ἐποίει, ἡ δὲ ἀφροσύνη βλαβερά, οὕτως αὖ καὶ τούτοις [e] ἡ ψυχὴ ὀρθῶς μὲν χρωμένη καὶ ἡγουμένη ὠφέλιμα αὐτὰ ποιεῖ, μὴ ὀρθῶς δὲ βλαβερά;
ΜΕΝ. Πάνυ γε.
ΣΩ. Ὀρθῶς δέ γε ἡ ἔμφρων ἡγεῖται, ἡμαρτημένως δ' ἡ ἄφρων;
ΜΕΝ. Ἔστι ταῦτα.
ΣΩ. Οὐκοῦν οὕτω δὴ κατὰ πάντων εἰπεῖν ἔστιν, τῷ ἀνθρώπῳ τὰ μὲν ἄλλα πάντα εἰς τὴν ψυχὴν ἀνηρτῆσθαι,

schadet sich dann der Mensch nicht, wenn er so ohne Verstand mutig ist? Wenn er es aber mit Verstand ist, nutzt es ihm doch?

Menon. Ja.

Sokrates. Und bei der Besonnenheit und der Intelligenz ist es genauso. Mit Verstand ist das Gelernte und Trainierte nützlich, ohne Verstand schädlich.

Menon. Ja, ganz bestimmt.

[c] *Sokrates.* Führt nicht überhaupt alles, was die Seele erstrebt und erduldet, unter der Leitung von Überlegung zum Glück, aber unter der Leitung von Unüberlegtheit zum Gegenteil?

Menon. Anscheinend.

Sokrates. Wenn Gutsein also etwas Innerseelisches ist und notwendigerweise nützlich, muß es Überlegung sein, da ja alles Seelische für sich genommen weder nützlich noch schädlich ist; erst wenn die Überlegung oder die Unüberlegtheit hinzukommt, [d] wird es schädlich bzw. nützlich. Nach diesem Gedankengang muß Gutsein, da es ja nützlich ist, eine Art Überlegung sein.

Menon. Das meine ich auch.

Sokrates. Und ist es mit den Dingen wie Reichtum und dergleichen, von denen wir doch sagten, daß sie zuweilen gut, zuweilen schädlich sind, nicht genauso? Also macht nicht die Überlegung sie nützlich, wenn sie die Leitung hat, schädlich aber, wenn die Unvernunft leitet, genauso wie bei den seelischen Gütern? So auch bei diesen ⟨äußeren Gütern⟩: [e] wenn die Seele in rechter Weise von ihnen Gebrauch macht und die Leitung hat, macht sie diese nützlich, wenn nicht, schädlich.

Menon. Gewiß.

Sokrates. Richtig leitet also die einsichtige Seele, irreführend die uneinsichtige.

Menon. So ist es.

Sokrates. So kann man also in jedem Falle sagen, beim Menschen hängt zwar alles von der Seele ab, das Seelische selbst

τὰ δὲ τῆς ψυχῆς αὐτῆς εἰς φρόνησιν, εἰ μέλλει ἀγαθὰ εἶναι· [89a] καὶ τούτῳ τῷ λόγῳ φρόνησις ἂν εἴη τὸ ὠφέλιμον· φαμὲν δὲ τὴν ἀρετὴν ὠφέλιμον εἶναι;
ΜΕΝ. Πάνυ γε.
ΣΩ. Φρόνησιν ἄρα φαμὲν ἀρετὴν εἶναι, ἤτοι σύμπασαν ἢ μέρος τι;
ΜΕΝ. Δοκεῖ μοι καλῶς λέγεσθαι, ὦ Σώκρατες, τὰ λεγόμενα.
ΣΩ. Οὐκοῦν εἰ ταῦτα οὕτως ἔχει, οὐκ ἂν εἶεν φύσει οἱ ἀγαθοί.
ΜΕΝ. Οὔ μοι δοκεῖ.
[b] ΣΩ. Καὶ γὰρ ἄν που καὶ τόδ' ἦν· εἰ φύσει οἱ ἀγαθοὶ ἐγίγνοντο, ἦσάν που ἂν ἡμῖν οἳ ἐγίγνωσκον τῶν νέων τοὺς ἀγαθοὺς τὰς φύσεις, οὓς ἡμεῖς ἂν παραλαβόντες ἐκείνων ἀποφηνάντων ἐφυλάττομεν ἂν ἐν ἀκροπόλει, κατασημηνάμενοι πολὺ μᾶλλον ἢ τὸ χρυσίον, ἵνα μηδεὶς αὐτοὺς διέφθειρεν, ἀλλ' ἐπειδὴ ἀφίκοιντο εἰς τὴν ἡλικίαν, χρήσιμοι γίγνοιντο ταῖς πόλεσι.
ΜΕΝ. Εἰκός γέ τοι, ὦ Σώκρατες.
ΣΩ. Ἆρ' οὖν ἐπειδὴ οὐ φύσει οἱ ἀγαθοὶ ἀγαθοὶ γίγνονται, [c] ἆρα μαθήσει;
ΜΕΝ. Δοκεῖ μοι ἤδη ἀναγκαῖον εἶναι· καὶ δῆλον, ὦ Σώκρατες, κατὰ τὴν ὑπόθεσιν, εἴπερ ἐπιστήμη ἐστὶν ἀρετή, ὅτι διδακτόν ἐστιν.
ΣΩ. Ἴσως νὴ Δία· ἀλλὰ μὴ τοῦτο οὐ καλῶς ὡμολογήσαμεν;
ΜΕΝ. Καὶ μὴν ἐδόκει γε ἄρτι καλῶς λέγεσθαι.
ΣΩ. Ἀλλὰ μὴ οὐκ ἐν τῷ ἄρτι μόνον δέῃ αὐτὸ δοκεῖν καλῶς λέγεσθαι, ἀλλὰ καὶ ἐν τῷ νῦν καὶ ἐν τῷ ἔπειτα, εἰ μέλλει τι αὐτοῦ ὑγιὲς εἶναι.
[d] ΜΕΝ. Τί οὖν δή; πρὸς τί βλέπων δυσχεραίνεις αὐτὸ καὶ ἀπιστεῖς μὴ οὐκ ἐπιστήμη ᾖ ἡ ἀρετή;
ΣΩ. Ἐγώ σοι ἐρῶ, ὦ Μένων. τὸ μὲν γὰρ διδακτὸν αὐτὸ εἶναι, εἴπερ ἐπιστήμη ἐστίν, οὐκ ἀνατίθεμαι μὴ οὐ καλῶς λέγεσθαι· ὅτι δὲ οὐκ ἔστιν ἐπιστήμη, σκέψαι ἐάν σοι δοκῶ εἰκότως ἀπιστεῖν. τόδε γάρ μοι εἰπέ· εἰ ἔστιν

aber von der Überlegung, wenn es denn gut sein soll. [89a] Und mit dieser Erklärung wäre das Nützliche die Überlegung, denn wir sagen, daß Gutsein nützlich ist?
Menon. Ja, bestimmt.
Sokrates. Gutsein bestimmen wir also als Überlegung. Nun ist die Frage, ob das ganze oder einen Bestandteil.
Menon. Ich finde, das hast du richtig schön gesagt.
Sokrates. Wenn das stimmt, sind die Leute nicht von Natur aus gut.
Menon. Nein, das glaube ich auch.
[b] *Sokrates.* Und das hätte zudem ja auch geheißen: Wenn Leute durch natürliche Begabung gut werden, gäbe es doch einige unter uns, die die Guten unter den jungen Leuten in ihrer Begabung erkannt hätten; einmal entdeckt, hätten wir sie doch abgesondert auf der Akropolis bewacht und viel besser versiegelt als die Tempelschätze, damit sie niemand verdorben hätte und damit sie vom richtigen Alter an für den Staat nützlich geworden wären.
Menon. Das sieht ganz so aus.
Sokrates. Wenn Gute also nicht von Natur gut werden, [c] werden sie es folglich durch Belehrung?
Menon. Ich finde schon, daß es zwingend ist; es ist doch auch nach der Voraussetzung, wenn Gutsein wirklich Wissen ist, ganz offensichtlich, daß es gelehrt werden kann.
Sokrates. Mein Gott, aber vielleicht haben wir das nicht zu Recht zugestanden?
Menon. Gerade noch fanden wir es richtig.
Sokrates. Wir müssen es aber nicht nur gerade, sondern jetzt und in Zukunft richtig finden, wenn etwas Gesundes dran sein soll.
[d] *Menon.* Was denn? In welcher Hinsicht siehst du denn Probleme darin und zweifelst, ob Gutsein Wissen ist?
Sokrates. Ich frage dich nur. Daß Gutsein gelehrt werden kann, wenn es Wissen ist, nehme ich als richtige Aussage nicht zurück. Aber überlege einmal, ob ich nicht zu Recht bezweifle, daß es Wissen ist. Sag mir, wenn irgend etwas,

διδακτὸν ὁτιοῦν πρᾶγμα, μὴ μόνον ἀρετή, οὐκ ἀναγκαῖον αὐτοῦ καὶ διδασκάλους καὶ μαθητὰς εἶναι;
ΜΕΝ. Ἔμοιγε δοκεῖ.
[e] ΣΩ. Οὐκοῦν τοὐναντίον αὖ, οὗ μήτε διδάσκαλοι μήτε μαθηταὶ εἶεν, καλῶς ἂν αὐτὸ εἰκάζοντες εἰκάζοιμεν μὴ διδακτὸν εἶναι;
ΜΕΝ. Ἔστι ταῦτα· ἀλλ' ἀρετῆς διδάσκαλοι οὐ δοκοῦσί σοι εἶναι;
ΣΩ. Πολλάκις γοῦν ζητῶν εἴ τινες εἶεν αὐτῆς διδάσκαλοι, πάντα ποιῶν οὐ δύναμαι εὑρεῖν. καίτοι μετὰ πολλῶν γε ζητῶ, καὶ τούτων μάλιστα οὓς ἂν οἴωμαι ἐμπειροτάτους εἶναι τοῦ πράγματος. καὶ δὴ καὶ νῦν, ὦ Μένων, εἰς καλὸν ἡμῖν Ἄνυτος ὅδε παρεκαθέζετο, ᾧ μεταδῶμεν τῆς ζητήσεως. [90a] εἰκότως δ' ἂν μεταδοῖμεν· Ἄνυτος γὰρ ὅδε πρῶτον μέν ἐστι πατρὸς πλουσίου τε καὶ σοφοῦ Ἀνθεμίωνος, ὃς ἐγένετο πλούσιος οὐκ ἀπὸ τοῦ αὐτομάτου οὐδὲ δόντος τινός, ὥσπερ ὁ νῦν νεωστὶ εἰληφὼς τὰ Πολυκράτους χρήματα Ἰσμηνίας ὁ Θηβαῖος, ἀλλὰ τῇ αὑτοῦ σοφίᾳ κτησάμενος καὶ ἐπιμελείᾳ, ἔπειτα καὶ τὰ ἄλλα οὐχ ὑπερήφανος δοκῶν εἶναι πολίτης οὐδὲ ὀγκώδης τε καὶ ἐπαχθής, ἀλλὰ κόσμιος καὶ εὐσταλὴς ἀνήρ· [b] ἔπειτα τοῦτον εὖ ἔθρεψεν καὶ ἐπαίδευσεν, ὡς δοκεῖ Ἀθηναίων τῷ πλήθει· αἱροῦνται γοῦν αὐτὸν ἐπὶ τὰς μεγίστας ἀρχάς. δίκαιον δὴ μετὰ τοιούτων ζητεῖν ἀρετῆς πέρι διδασκάλους, εἴτ' εἰσὶν εἴτε μή, καὶ οἵτινες. σὺ οὖν ἡμῖν, ὦ Ἄνυτε, συζήτησον, ἐμοί τε καὶ τῷ σαυτοῦ ξένῳ Μένωνι τῷδε, περὶ τούτου τοῦ πράγματος τίνες ἂν εἶεν διδάσκαλοι. ὧδε δὲ σκέψαι· εἰ βουλοίμεθα Μένωνα τόνδε ἀγαθὸν ἰατρὸν γενέσθαι, παρὰ τίνας ἂν αὐτὸν πέμποιμεν διδασκάλους; [c] ἆρ' οὐ παρὰ τοὺς ἰατρούς;
ΑΝ. Πάνυ γε.
ΣΩ. Τί δ' εἰ σκυτοτόμον ἀγαθὸν βουλοίμεθα γενέσθαι, ἆρ' οὐ παρὰ τοὺς σκυτοτόμους;

nicht nur Gutsein, gelehrt werden kann, muß es doch n wendigerweise Lehrer und Schüler dafür geben.
Menon. Das finde ich auch.
[e] *Sokrates.* Wäre nicht auch die gegenteilige Vermutung zutreffend, daß das, wofür es keine Lehrer und Schüler gibt, auch nicht lehrbar ist?
Menon. Ja, so ist es. Aber findest du denn nicht, daß es Lehrer für Gutsein gibt?
Sokrates. Ich kann nur sagen, daß ich immer wieder dem nachgegangen bin, ob es dafür Lehrer gibt, und trotz allen Bemühens habe ich keinen ausfindig machen können. Dabei suche ich mit vielen anderen Leuten, zumal solchen, die ich für sehr erfahren in dieser Sache halte. Da hat sich ja gerade zur rechten Zeit Anytos[20] neben uns gesetzt, den wir einfach an unserer Untersuchung teilnehmen lassen wollen. [90a] Und das ist auch ganz gut: Anytos ist nämlich der Sohn eines reichen und klugen Vaters namens Anthemion, der nicht etwa von alleine oder durch Geschenke reich wurde, so wie kürzlich der Thebaner Ismenias durch die Schätze des Polykrates,[21] sondern er hat Reichtum durch seine eigene Klugheit und Umsicht erworben. Und dann ist er wohl auch sonst kein arroganter, aufgeblasener und unerträglicher Bürger, sondern gilt als ein bescheidener und umgänglicher Mann. [b] Darüber hinaus hat er ja auch hier den Anytos gut gedeihen und gut erziehen lassen, jedenfalls nach Meinung der Mehrheit der Athener, die ihn in die höchsten Ämter gewählt haben. Es ist also recht und billig, mit solchen Leuten der Frage nachzugehen, ob es Lehrer für Gutsein gibt oder nicht, und wer sie sind. Also, Anytos, gehe mit uns zusammen, mit mir und deinem Gast Menon, dieser Sache nach, wer Lehrer ⟨für Gutsein⟩ ist. Sieh es mal so: Wenn wir wollten, daß unser Menon ein guter Arzt wird, zu welchen Lehrern würden wir ihn dann schicken? [c] Doch zu den Ärzten?
Anytos. Ja, sicher.
Sokrates. Und wenn wir wollten, daß er ein guter Schuster würde, würden wir ihn doch zu den Schustern schicken?

ΑΝ. Ναί.
ΣΩ. Καὶ τἆλλα οὕτως;
ΑΝ. Πάνυ γε.
ΣΩ. Ὧδε δή μοι πάλιν περὶ τῶν αὐτῶν εἰπέ. παρὰ τοὺς ἰατρούς, φαμέν, πέμποντες τόνδε καλῶς ἂν ἐπέμπομεν, βουλόμενοι ἰατρὸν γενέσθαι· ἆρ' ὅταν τοῦτο λέγωμεν, τόδε λέγομεν, [d] ὅτι παρὰ τούτους πέμποντες αὐτὸν σωφρονοῖμεν ἄν, τοὺς ἀντιποιουμένους τε τῆς τέχνης μᾶλλον ἢ τοὺς μή, καὶ τοὺς μισθὸν πραττομένους ἐπ' αὐτῷ τούτῳ, ἀποφήναντας αὑτοὺς διδασκάλους τοῦ βουλομένου ἰέναι τε καὶ μανθάνειν; ἆρ' οὐ πρὸς ταῦτα βλέψαντες καλῶς ἂν πέμποιμεν;
ΑΝ. Ναί.
ΣΩ. Οὐκοῦν καὶ περὶ αὐλήσεως καὶ τῶν ἄλλων τὰ αὐτὰ ταῦτα; [e] πολλὴ ἄνοιά ἐστι βουλομένους αὐλητήν τινα ποιῆσαι παρὰ μὲν τοὺς ὑπισχνουμένους διδάξειν τὴν τέχνην καὶ μισθὸν πραττομένους μὴ ἐθέλειν πέμπειν, ἄλλοις δέ τισιν πράγματα παρέχειν, ζητοῦντα μανθάνειν παρὰ τούτων, οἳ μήτε προσποιοῦνται διδάσκαλοι εἶναι μήτ' ἔστιν αὐτῶν μαθητὴς μηδεὶς τούτου τοῦ μαθήματος ὃ ἡμεῖς ἀξιοῦμεν μανθάνειν παρ' αὐτῶν ὃν ἂν πέμπωμεν. οὐ πολλή σοι δοκεῖ ἀλογία εἶναι;
ΑΝ. Ναὶ μὰ Δία ἔμοιγε, καὶ ἀμαθία γε πρός.
ΣΩ. Καλῶς λέγεις. νῦν τοίνυν ἔξεστί σε μετ' ἐμοῦ κοινῇ βουλεύεσθαι περὶ τοῦ ξένου τουτουῒ Μένωνος. [91a] οὗτος γάρ, ὦ Ἄνυτε, πάλαι λέγει πρός με ὅτι ἐπιθυμεῖ ταύτης τῆς σοφίας καὶ ἀρετῆς ᾗ οἱ ἄνθρωποι τάς τε οἰκίας καὶ τὰς πόλεις καλῶς διοικοῦσι, καὶ τοὺς γονέας τοὺς αὑτῶν θεραπεύουσι, καὶ πολίτας καὶ ξένους ὑποδέξασθαί τε καὶ ἀποπέμψαι ἐπίστανται ἀξίως ἀνδρὸς ἀγαθοῦ. ταύτην οὖν τὴν ἀρετὴν σκόπει παρὰ τίνας [b] ἂν πέμποντες αὐτὸν ὀρθῶς πέμποιμεν. ἢ δῆλον δὴ κατὰ τὸν ἄρτι λόγον ὅτι παρὰ τούτους τοὺς ὑπισχνουμένους ἀρετῆς διδασκάλους εἶναι καὶ ἀποφήναντας αὑτοὺς κοι-

Anytos. Ja.
Sokrates. Und genauso würden wir es in anderen Fällen machen.
Anytos. Ja, sicher.
Sokrates. Wiederhole es mir doch mit demselben Beispiel: Wir sagen, es ist richtig, ihn zu den Ärzten zu schicken, wenn wir wollten, daß er ein Arzt wird. Meinen wir mit diesem Satz, [d] daß wir darauf bedacht sein sollen, ihn eher zu denen zu schicken, die das Handwerk beherrschen als zu denen, die es nicht tun, und zu denen, die sich dafür bezahlen lassen und sich jedem Lernwilligen als Lehrer anbieten? Wenn wir darauf achteten, schickten wir ihn doch zu den richtigen?
Anytos. Ja.
Sokrates. Für das Flötenspiel und andere musische Fertigkeiten gilt das doch auch, oder? [e] Es wäre wohl unvernünftig, wenn wir jemanden, den wir zum Flötenspieler machen wollten, nicht zu denen schicken wollten, die erklärtermaßen diese Fertigkeit lehren und Geld dafür nehmen, sondern statt dessen anderen Leuten damit zur Last fallen, daß jemand ausgerechnet bei ihnen lernen will, die weder behaupten, Lehrer zu sein, noch auch Schüler in diesem Fach haben, das er bei denen lernen soll, zu denen wir ihn schicken. Findest du das nicht ein bißchen viel Unsinn?
Anytos. Beim Zeus, wirklich, und dumm ist es dazu.
Sokrates. Richtig. Nun kannst du mit mir gemeinsam über die Frage unseres Gastes Menon beraten. [91a] Der sagt mir nämlich die ganze Zeit, daß er nach genau der Klugheit und dem Gutsein strebt, mit denen man die öffentlichen und privaten Angelegenheiten gut regelt, die Verwandten pflegt, Bürger und Fremde aufzunehmen und zu verabschieden weiß, wie es sich für einen guten Mann gehört. Überlege mal, zu wem wir ihn für dieses Gutsein schicken sollen, [b] wenn wir es richtig machen wollen. Oder ist es nach dem eben Gesagten klar, daß wir ihn zu denen schicken müssen, die erklärtermaßen Lehrer für Gutsein sind, sich selbst öffent-

νοὺς τῶν Ἑλλήνων τῷ βουλομένῳ μανθάνειν, μισθὸν τούτου ταξαμένους τε καὶ πραττομένους;
ΑΝ. Καὶ τίνας λέγεις τούτους, ὦ Σώκρατες;
ΣΩ. Οἶσθα δήπου καὶ σὺ ὅτι οὗτοί εἰσιν οὓς οἱ ἄνθρωποι καλοῦσι σοφιστάς.
[c] ΑΝ. Ἡράκλεις, εὐφήμει, ὦ Σώκρατες. μηδένα τῶν γ' ἐμῶν μήτε οἰκείων μήτε φίλων, μήτε ἀστὸν μήτε ξένον, τοιαύτη μανία λάβοι, ὥστε παρὰ τούτους ἐλθόντα λωβηθῆναι, ἐπεὶ οὗτοί γε φανερά ἐστι λώβη τε καὶ διαφθορὰ τῶν συγγιγνομένων.
ΣΩ. Πῶς λέγεις, ὦ Ἄνυτε; οὗτοι ἄρα μόνοι τῶν ἀντιποιουμένων τι ἐπίστασθαι εὐεργετεῖν τοσοῦτον τῶν ἄλλων διαφέρουσιν, ὅσον οὐ μόνον οὐκ ὠφελοῦσιν, ὥσπερ οἱ ἄλλοι, ὅτι ἄν τις αὐτοῖς παραδῷ, ἀλλὰ καὶ τὸ ἐναντίον διαφθείρουσιν; [d] καὶ τούτων φανερῶς χρήματα ἀξιοῦσι πράττεσθαι; ἐγὼ μὲν οὖν οὐκ ἔχω ὅπως σοι πιστεύσω· οἶδα γὰρ ἄνδρα ἕνα Πρωταγόραν πλείω χρήματα κτησάμενον ἀπὸ ταύτης τῆς σοφίας ἢ Φειδίαν τε, ὃς οὕτω περιφανῶς καλὰ ἔργα ἠργάζετο, καὶ ἄλλους δέκα τῶν ἀνδριαντοποιῶν. καίτοι τέρας λέγεις εἰ οἱ μὲν τὰ ὑποδήματα ἐργαζόμενοι τὰ παλαιὰ καὶ τὰ ἱμάτια ἐξακούμενοι οὐκ ἂν δύναιντο λαθεῖν τριάκονθ' ἡμέρας [e] μοχθηρότερα ἀποδιδόντες ἢ παρέλαβον τὰ ἱμάτιά τε καὶ ὑποδήματα, ἀλλ' εἰ τοιαῦτα ποιοῖεν, ταχὺ ἂν τῷ λιμῷ ἀποθάνοιεν, Πρωταγόρας δὲ ἄρα ὅλην τὴν Ἑλλάδα ἐλάνθανεν διαφθείρων τοὺς συγγιγνομένους καὶ μοχθηροτέρους ἀποπέμπων ἢ παρελάμβανεν πλέον ἢ τετταράκοντα ἔτη – οἶμαι γὰρ αὐτὸν ἀποθανεῖν ἐγγὺς καὶ ἑβδομήκοντα ἔτη γεγονότα, τετταράκοντα δὲ ἐν τῇ τέχνῃ ὄντα – καὶ ἐν ἅπαντι τῷ χρόνῳ τούτῳ ἔτι εἰς τὴν ἡμέραν ταυτηνὶ εὐδοκιμῶν οὐδὲν πέπαυται, καὶ οὐ μόνον Πρωταγόρας, ἀλλὰ καὶ ἄλλοι πάμπολλοι, [92a] οἱ μὲν πρότερον γεγονότες ἐκείνου, οἱ δὲ καὶ νῦν ἔτι ὄντες. πότερον δὴ οὖν φῶμεν κατὰ τὸν σὸν λόγον εἰδότας αὐτοὺς ἐξαπατᾶν καὶ λωβᾶσθαι τοὺς νέους, ἢ λεληθέναι καὶ ἑαυτούς; καὶ

lich jedem lernwilligen Griechen anbieten und sich dafür zu festgesetzten Preisen bezahlen lassen?
Anytos. Wen meinst du denn damit?
Sokrates. Du weißt doch auch, daß das diejenigen sind, die man ›Sophisten‹ nennt.
[c] *Anytos.* Still, Sokrates! Möge keiner meiner nächsten Freunde und Bekannten, aus der Stadt oder von auswärts, so verrückt sein, zu diesen Leuten zu gehen, nur um dann verdorben zu werden, denn sie sind doch ganz offensichtlich Schande und Verderb für die, die in ihrer Gesellschaft sind.
Sokrates. Was sagst du? Bei den Leuten, die sich erklärtermaßen auf eine nützliche Dienstleistung verstehen, sind also nur die Sophisten von allen anderen verschieden und sogar so, daß sie nicht nur nicht dem nutzen, was auch immer jemand ihnen anvertraut, wie die anderen, sondern im Gegenteil auch noch Schaden anrichten? [d] Und sie wähnen sich noch im Recht, dafür offen Geld zu bekommen? Das kann ich dir doch nicht glauben. Ich weiß nämlich, daß ein einziger Mann, Protagoras, mit seiner Klugheit mehr Geld verdient hat als Phidias, der Schöpfer von so schönen Werken, und zehn andere Bildhauer zusammen. Es wäre doch recht wunderlich, wenn zwar Schuhflicker und Kleiderflicker es keine dreißig Tage verbergen könnten, [e] wenn sie Schuhe und Kleider verdorbener zurückgäben, als sie sie bekommen haben – sie würden bei solchem Verhalten schnell verhungern; aber Protagoras soll vor ganz Griechenland mehr als vierzig Jahre lang habe verbergen können, daß er die Leute in seiner Gesellschaft verdirbt und verdorbener zurückschickt, als er sie genommen hat? Ich glaube, er ist mit fast siebzig Jahren gestorben, vierzig Jahre stand er im Beruf, und in der ganzen Zeit bis auf den heutigen Tag blieb er hochgeachtet. Und etliche andere sind noch zu nennen, [92a] die vor ihm lebten oder auch jetzt noch leben. Sollen wir nun nach dem, was du sagst, behaupten, daß sie die jungen Leute wissentlich betrügen und schädigen? Oder daß sie es selbst nicht merken? Und sollen wir solchen Irrsinn denen bescheinigen, die

οὕτω μαίνεσθαι ἀξιώσομεν τούτους, οὓς ἔνιοί φασι σοφωτάτους ἀνθρώπων εἶναι;
ΑΝ. Πολλοῦ γε δέουσι μαίνεσθαι, ὦ Σώκρατες, ἀλλὰ πολὺ μᾶλλον οἱ τούτοις διδόντες ἀργύριον τῶν νέων, τούτων δ' ἔτι μᾶλλον οἱ τούτοις ἐπιτρέποντες, οἱ προσήκοντες, [b] πολὺ δὲ μάλιστα πάντων αἱ πόλεις, ἐῶσαι αὐτοὺς εἰσαφικνεῖσθαι καὶ οὐκ ἐξελαύνουσαι, εἴτε τις ξένος ἐπιχειρεῖ τοιοῦτόν τι ποιεῖν εἴτε ἀστός.
ΣΩ. Πότερον δέ, ὦ Ἄνυτε, ἠδίκηκέ τίς σε τῶν σοφιστῶν, ἢ τί οὕτως αὐτοῖς χαλεπὸς εἶ;
ΑΝ. Οὐδὲ μὰ Δία ἔγωγε συγγέγονα πώποτε αὐτῶν οὐδενί, οὐδ' ἂν ἄλλον ἐάσαιμι τῶν ἐμῶν οὐδένα.
ΣΩ. Ἄπειρος ἄρ' εἶ παντάπασι τῶν ἀνδρῶν;
ΑΝ. Καὶ εἴην γε.
[c] ΣΩ. Πῶς οὖν ἄν, ὦ δαιμόνιε, εἰδείης περὶ τούτου τοῦ πράγματος, εἴτε τι ἀγαθὸν ἔχει ἐν αὑτῷ εἴτε φαῦρον, οὗ παντάπασιν ἄπειρος εἴης;
ΑΝ. Ῥᾳδίως· τούτους γοῦν οἶδα οἵ εἰσιν, εἴτ' οὖν ἄπειρος αὐτῶν εἰμι εἴτε μή.
ΣΩ. Μάντις εἶ ἴσως, ὦ Ἄνυτε· ἐπεὶ ὅπως γε ἄλλως οἶσθα τούτων πέρι, ἐξ ὧν αὐτὸς λέγεις θαυμάζοιμ' ἄν. ἀλλὰ γὰρ οὐ τούτους ἐζητοῦμεν τίνες εἰσίν, παρ' οὓς ἂν Μένων ἀφικόμενος μοχθηρὸς γένοιτο – [d] οὗτοι μὲν γάρ, εἰ σὺ βούλει, ἔστων οἱ σοφισταί – ἀλλὰ δὴ ἐκείνους εἰπὲ ἡμῖν, καὶ τὸν πατρικὸν τόνδε ἑταῖρον εὐεργέτησον φράσας αὐτῷ παρὰ τίνας ἀφικόμενος ἐν τοσαύτῃ πόλει τὴν ἀρετὴν ἣν νυνδὴ ἐγὼ διῆλθον γένοιτ' ἂν ἄξιος λόγου.
ΑΝ. Τί δὲ αὐτῷ οὐ σὺ ἔφρασας;
ΣΩ. Ἀλλ' οὓς μὲν ἐγὼ ᾤμην διδασκάλους τούτων εἶναι, εἶπον, ἀλλὰ τυγχάνω οὐδὲν λέγων, ὡς σὺ φῄς· καὶ ἴσως τὶ

nach mancher Leute Aussage die klügsten von allen Menschen sind?
Anytos. Sie sind alles andere als irrsinnig; das sind vielmehr die jungen Leute, die ihnen Geld geben, und noch mehr deren Angehörige, die ihnen das erlauben, [b] ja am meisten die Staaten, die ihnen die Einreise gestatten und sie nicht ausweisen, ob es nun Fremde oder Staatsangehörige sind, die so etwas machen.
Sokrates. Hat dir eigentlich irgendein Sophist Unrecht getan, oder warum bist du so schlecht auf sie zu sprechen?
Anytos. Um Gottes willen, ich bin niemals irgendeinem von denen begegnet, und ich würde es auch für keinen von meiner Familie zulassen.
Sokrates. Du hast also überhaupt keine Erfahrung mit den Männern?
Anytos. Nein, und so soll es auch bleiben.
[c] *Sokrates.* Aber wie kannst du dann wissen, ob an der Sache etwas Gutes oder Schlechtes ist, wenn du überhaupt keine Erfahrung damit hast?
Anytos. Ganz einfach, ich weiß, was für Leute es sind, ob ich nun tatsächlich mit ihnen meine Erfahrung gemacht habe oder nicht.
Sokrates. Dann bist du vielleicht ein Hellseher. Denn nach dem, was du sagst, frage ich mich schon, auf welch andere Weise du etwas von diesen Leuten weißt. Aber unsere Frage war ja nicht, bei welchen Leuten Menon verdorben werden könnte, wenn er hinginge – [d] das mögen meinetwegen die Sophisten sein. Sag uns statt dessen – und tu deinem Freund hier den Gefallen, es ihm zu sagen –, zu welchen Leuten er in einer so großen Stadt gehen soll, damit er jemand wird, den man wegen seines Gutseins, wie ich es gerade beschrieben habe, in Ehren hält.
Anytos. Warum sagst du es ihm nicht selbst?
Sokrates. Ich habe doch gesagt, welche Leute ich für Lehrer dafür halte; allerdings war das Unsinn, wie du sagst, und vielleicht hast du recht. [e] Aber jetzt bist du dran: Sag

λέγεις. [e] ἀλλὰ σὺ δὴ ἐν τῷ μέρει αὐτῷ εἰπὲ παρὰ τίνας ἔλθῃ Ἀθηναίων· εἰπὲ ὄνομα ὅτου βούλει.
ΑΝ. Τί δὲ ἑνὸς ἀνθρώπου ὄνομα δεῖ ἀκοῦσαι; ὅτῳ γὰρ ἂν ἐντύχῃ Ἀθηναίων τῶν καλῶν κἀγαθῶν, οὐδεὶς ἔστιν ὃς οὐ βελτίω αὐτὸν ποιήσει ἢ οἱ σοφισταί, ἐάνπερ ἐθέλῃ πείθεσθαι.
ΣΩ. Πότερον δὲ οὗτοι οἱ καλοὶ κἀγαθοὶ ἀπὸ τοῦ αὐτομάτου ἐγένοντο τοιοῦτοι, παρ' οὐδενὸς μαθόντες ὅμως μέντοι ἄλλους διδάσκειν οἷοί τε ὄντες ταῦτα ἃ αὐτοὶ οὐκ ἔμαθον;
[93a] ΑΝ. Καὶ τούτους ἔγωγε ἀξιῶ παρὰ τῶν προτέρων μαθεῖν, ὄντων καλῶν κἀγαθῶν· ἢ οὐ δοκοῦσί σοι πολλοὶ καὶ ἀγαθοὶ γεγονέναι ἐν τῇδε τῇ πόλει ἄνδρες;
ΣΩ. Ἔμοιγε, ὦ Ἄνυτε, καὶ εἶναι δοκοῦσιν ἐνθάδε ἀγαθοὶ τὰ πολιτικά, καὶ γεγονέναι ἔτι οὐχ ἧττον ἢ εἶναι· ἀλλὰ μῶν καὶ διδάσκαλοι ἀγαθοὶ γεγόνασιν τῆς αὐτῶν ἀρετῆς; τοῦτο γάρ ἐστιν περὶ οὗ ὁ λόγος ἡμῖν τυγχάνει ὤν· οὐκ εἰ εἰσὶν ἀγαθοὶ ἢ μὴ ἄνδρες ἐνθάδε, οὐδ' εἰ γεγόνασιν ἐν τῷ πρόσθεν, [b] ἀλλ' εἰ διδακτόν ἐστιν ἀρετὴ πάλαι σκοποῦμεν. τοῦτο δὲ σκοποῦντες τόδε σκοποῦμεν, ἆρα οἱ ἀγαθοὶ ἄνδρες καὶ τῶν νῦν καὶ τῶν προτέρων ταύτην τὴν ἀρετὴν ἣν αὐτοὶ ἀγαθοὶ ἦσαν ἠπίσταντο καὶ ἄλλῳ παραδοῦναι, ἢ οὐ παραδοτὸν τοῦτο ἀνθρώπῳ οὐδὲ παραληπτὸν ἄλλῳ παρ' ἄλλου· τοῦτ' ἔστιν ὃ πάλαι ζητοῦμεν ἐγώ τε καὶ Μένων. ὧδε οὖν σκόπει ἐκ τοῦ σαυτοῦ λόγου· Θεμιστοκλέα οὐκ ἀγαθὸν ἂν [c] φαίης ἄνδρα γεγονέναι;
ΑΝ. Ἔγωγε, πάντων γε μάλιστα.
ΣΩ. Οὐκοῦν καὶ διδάσκαλον ἀγαθόν, εἴπερ τις ἄλλος τῆς αὑτοῦ ἀρετῆς διδάσκαλος ἦν, κἀκεῖνον εἶναι;
ΑΝ. Οἶμαι ἔγωγε, εἴπερ ἐβούλετό γε.
ΣΩ. Ἀλλ', οἴει, οὐκ ἂν ἐβουλήθη ἄλλους τέ τινας καλοὺς κἀγαθοὺς γενέσθαι, μάλιστα δέ που τὸν ὑὸν τὸν αὑτοῦ; ἢ οἴει αὐτὸν φθονεῖν αὐτῷ καὶ ἐξεπίτηδες οὐ παραδιδόναι

ihm, zu wem er in Athen gehen soll, meinetwegen namentlich.

Anytos. Was braucht man da den Namen eines einzigen Menschen zu hören? Denn jeder beliebige rechtschaffene Athener kann ihn besser machen als die Sophisten, wenn er nur auf ihn hört.

Sokrates. Sind diese rechtschaffenen Männer es von alleine geworden, ohne es von jemandem gelernt zu haben, und sollten sie trotzdem anderen beibringen können, was sie selbst nicht gelernt haben?

[93a] *Anytos.* Ich denke doch, daß sie es selbst auch von älteren Männern, die rechtschaffen waren, gelernt haben. Oder meinst du nicht, daß es in diesem Staat viele gute Männer gab?

Sokrates. Ja, ich glaube doch, daß es hier gute Staatsmänner gibt und nicht weniger früher gegeben hat. Aber sind sie wirklich auch gute Lehrer für ihr eigenes Gutsein gewesen? Darum genau geht es, nicht, ob es hier gute Männer gibt oder nicht oder gab, [b] sondern, ob Gutsein gelehrt werden kann, das überlegen wir die ganze Zeit. Dazu müssen wir bedenken, ob gute Männer jetzt oder früher es verstanden, auch ihr Gutsein, mit dem sie sich hervortaten, an einen anderen weiterzugeben, oder ob es an keinen weitergegeben und auch von keinem anderen übernommen werden kann, das ist nach wie vor meine und Menons Frage. Wenn wir dazu von dem, was du sagtest, ausgehen, überlege einmal folgendermaßen weiter: Du würdest doch behaupten, Themistokles[22] sei [c] ein guter Mann gewesen?

Anytos. Ja, der doch auf jeden Fall.

Sokrates. Und auch ein guter Lehrer; wenn irgend jemand Lehrer für sein Gutsein war, dann doch er?

Anytos. Ich denke schon, wenn er wollte.

Sokrates. Ja, denkst du denn, er könne etwa nicht gewollt haben, daß andere, am meisten sein eigener Sohn, rechtschaffen werden? Oder meinst du, daß er ihm schaden wollte und das Gutsein absichtlich nicht weitergegeben hat, durch das er

τὴν ἀρετὴν ἣν αὐτὸς ἀγαθὸς ἦν; [d] ἢ οὐκ ἀκήκοας ὅτι Θεμιστοκλῆς Κλεόφαντον τὸν ὑὸν ἱππέα μὲν ἐδιδάξατο ἀγαθόν; ἐπέμενεν γοῦν ἐπὶ τῶν ἵππων ὀρθὸς ἑστηκώς, καὶ ἠκόντιζεν ἀπὸ τῶν ἵππων ὀρθός, καὶ ἄλλα πολλὰ καὶ θαυμαστὰ ἠργάζετο ἃ ἐκεῖνος αὐτὸν ἐπαιδεύσατο καὶ ἐποίησε σοφόν, ὅσα διδασκάλων ἀγαθῶν εἴχετο· ἢ ταῦτα οὐκ ἀκήκοας τῶν πρεσβυτέρων;

ΑΝ. Ἀκήκοα.

ΣΩ. Οὐκ ἂν ἄρα τήν γε φύσιν τοῦ ὑέος αὐτοῦ ᾐτιάσατ' ἄν τις εἶναι κακήν.

[e] ΑΝ. Ἴσως οὐκ ἄν.

ΣΩ. Τί δὲ τόδε; ὡς Κλεόφαντος ὁ Θεμιστοκλέους ἀνὴρ ἀγαθὸς καὶ σοφὸς ἐγένετο ἅπερ ὁ πατὴρ αὐτοῦ, ἤδη του ἀκήκοας ἢ νεωτέρου ἢ πρεσβυτέρου;

ΑΝ. Οὐ δῆτα.

ΣΩ. Ἆρ' οὖν ταῦτα μὲν οἰόμεθα βούλεσθαι αὐτὸν τὸν αὑτοῦ ὑὸν παιδεῦσαι, ἣν δὲ αὐτὸς σοφίαν ἦν σοφός, οὐδὲν τῶν γειτόνων βελτίω ποιῆσαι, εἴπερ ἦν γε διδακτὸν ἡ ἀρετή;

ΑΝ. Ἴσως μὰ Δί' οὔ.

ΣΩ. Οὗτος μὲν δή σοι τοιοῦτος διδάσκαλος ἀρετής, ὃν καὶ σὺ ὁμολογεῖς ἐν τοῖς ἄριστον τῶν προτέρων εἶναι· ἄλλον δὲ δὴ σκεψώμεθα, [94a] Ἀριστείδην τὸν Λυσιμάχου· ἢ τοῦτον οὐχ ὁμολογεῖς ἀγαθὸν γεγονέναι;

ΑΝ. Ἔγωγε, πάντως δήπου.

ΣΩ. Οὐκοῦν καὶ οὗτος τὸν ὑὸν τὸν αὑτοῦ Λυσίμαχον, ὅσα μὲν διδασκάλων εἴχετο, κάλλιστα Ἀθηναίων ἐπαίδευσε, ἄνδρα δὲ βελτίω δοκεῖ σοι ὁτουοῦν πεποιηκέναι; τούτῳ γάρ που καὶ συγγέγονας καὶ ὁρᾷς οἷός ἐστιν. εἰ δὲ βούλει, Περικλέα, [b] οὕτως μεγαλοπρεπῶς σοφὸν ἄνδρα, οἶσθ' ὅτι δύο ὑεῖς ἔθρεψε, Πάραλον καὶ Ξάνθιππον;

ΑΝ. Ἔγωγε.

sich selbst hervortat? [d] Hast du etwa nicht gehört, daß Themistokles seinen eigenen Sohn Kleophant sehr wohl zu einem guten Reiter ausbilden ließ? Aufrecht stehend konnte er sich auf dem Pferd halten und so den Speer schleudern, und viele andere Kunststücke konnte er. Das hat Themistokles ihm beibringen lassen, und er machte ihn klug in Dingen, für die es Lehrer gibt. Hast du das nicht von den alten Leuten gehört?
Anytos. Doch.
Sokrates. Man könnte demnach nicht als Entschuldigungsgrund anführen, die Veranlagung des Sohnes sei schlecht.
[e] *Anytos.* Ich denke nicht.
Sokrates. Hast du schon je von Jungen oder Alten gehört, daß Kleophant, der Sohn des Themistokles, in denselben Dingen wie sein Vater ein guter und kluger Mann geworden ist?
Anytos. Nein.
Sokrates. Sollen wir demnach annehmen, daß er seinen eigenen Sohn zwar erziehen, aber in der Klugheit, die er selbst hatte, nicht besser machen lassen wollte als irgendeinen Nachbarn, wenn doch Gutsein gelehrt werden kann?
Anytos. Beim Zeus, wohl kaum.
Sokrates. So sieht es aus mit deinem Lehrer für Gutsein, von dem du sagtest, daß er der beste unter den früheren Politikern war. Sehen wir, wie es bei einem anderen steht, [94a] Aristeides[23], dem Sohn des Lysimachos. Oder stimmst du mir nicht zu, daß er gut war?
Anytos. Doch, unbedingt.
Sokrates. Auch er hat doch am allerbesten von allen Athenern seinen Sohn Lysimachos[24] in den Dingen erziehen lassen, für die es Lehrer gab? Und findest du, daß er ein besserer Mann geworden ist als sonst wer? Du hast ihn ja getroffen und siehst, was für einer er ist. Oder nimm meinetwegen Perikles, [b] einen so ungemein klugen Mann; du weißt doch, daß er zwei Söhne großzog, Paralos und Xanthippos.
Anytos. Ja.

ΣΩ. Τούτους μέντοι, ὡς οἶσθα καὶ σύ, ἱππέας μὲν ἐδίδαξεν οὐδενὸς χείρους Ἀθηναίων, καὶ μουσικὴν καὶ ἀγωνίαν καὶ τἆλλα ἐπαίδευσεν ὅσα τέχνης ἔχεται οὐδενὸς χείρους· ἀγαθοὺς δὲ ἄρα ἄνδρας οὐκ ἐβούλετο ποιῆσαι; δοκῶ μέν, ἐβούλετο, ἀλλὰ μὴ οὐκ ᾖ διδακτόν. ἵνα δὲ μὴ ὀλίγους οἴῃ καὶ τοὺς φαυλοτάτους Ἀθηναίων ἀδυνάτους γεγονέναι τοῦτο τὸ πρᾶγμα, [c] ἐνθυμήθητι ὅτι Θουκυδίδης αὖ δύο ὑεῖς ἔθρεψεν, Μελησίαν καὶ Στέφανον, καὶ τούτους ἐπαίδευσεν τά τε ἄλλα εὖ καὶ ἐπάλαισαν κάλλιστα Ἀθηναίων – τὸν μὲν γὰρ Ξανθίᾳ ἔδωκε, τὸν δὲ Εὐδώρῳ· οὗτοι δέ που ἐδόκουν τῶν τότε κάλλιστα παλαίειν – ἢ οὐ μέμνησαι;

ΑΝ. Ἔγωγε, ἀκοῇ.

ΣΩ. Οὐκοῦν δῆλον ὅτι οὗτος οὐκ ἄν ποτε, οὗ μὲν ἔδει δαπανώμενον διδάσκειν, [d] ταῦτα μὲν ἐδίδαξε τοὺς παῖδας τοὺς αὑτοῦ, οὗ δὲ οὐδὲν ἔδει ἀναλώσαντα ἀγαθοὺς ἄνδρας ποιῆσαι, ταῦτα δὲ οὐκ ἐδίδαξεν, εἰ διδακτὸν ἦν; ἀλλὰ γὰρ ἴσως ὁ Θουκυδίδης φαῦλος ἦν, καὶ οὐκ ἦσαν αὐτῷ πλεῖστοι φίλοι Ἀθηναίων καὶ τῶν συμμάχων; καὶ οἰκίας μεγάλης ἦν καὶ ἐδύνατο μέγα ἐν τῇ πόλει καὶ ἐν τοῖς ἄλλοις Ἕλλησιν, ὥστε εἴπερ ἦν τοῦτο διδακτόν, ἐξευρεῖν ἂν ὅστις ἔμελλεν αὐτοῦ τοὺς ὑεῖς ἀγαθοὺς ποιήσειν, ἢ τῶν ἐπιχωρίων τις ἢ τῶν ξένων, [e] εἰ αὐτὸς μὴ ἐσχόλαζεν διὰ τὴν τῆς πόλεως ἐπιμέλειαν. ἀλλὰ γάρ, ὦ ἑταῖρε Ἄνυτε, μὴ οὐκ ᾖ διδακτὸν ἀρετή.

ΑΝ. Ὦ Σώκρατες, ῥᾳδίως μοι δοκεῖς κακῶς λέγειν ἀνθρώπους. ἐγὼ μὲν οὖν ἄν σοι συμβουλεύσαιμι, εἰ ἐθέλεις ἐμοὶ πείθεσθαι, εὐλαβεῖσθαι· ὡς ἴσως μὲν καὶ ἐν ἄλλῃ πόλει ῥᾷόν ἐστιν κακῶς ποιεῖν ἀνθρώπους ἢ εὖ, ἐν τῇδε δὲ καὶ πάνυ· [95a] οἶμαι δὲ σὲ καὶ αὐτὸν εἰδέναι.

ΣΩ. Ὦ Μένων, Ἄνυτος μέν μοι δοκεῖ χαλεπαίνειν, καὶ οὐδὲν θαυμάζω· οἴεται γάρ με πρῶτον μὲν κακηγορεῖν

Sokrates. Die ließ er, wie du ja auch weißt, zu Reitern ausbilden, die sich mit jedem Athener messen konnten, genauso in der Musik und im Wettkampfsport und allem anderen, was eine Sache der Technik ist. Gute Männer hätte er aber nicht aus ihnen machen wollen? Ich glaube, er wollte schon, wenn es nur etwas wäre, was man beibringen kann. Damit du nicht meinst, daß nur wenige und die geringsten unfähig in dieser Angelegenheit waren, [c] denk doch daran, daß Thukydides[25] auch zwei Söhne großzog, Melesias[26] und Stephanos, und sie in allem anderen gut erziehen ließ. Sie waren z. B. die besten athenischen Ringer – den einen gab er zu Xanthias, den anderen zu Eudoros, die damals als die besten Ringer galten, erinnerst du dich nicht?
Anytos. Doch, ich habe davon gehört.
Sokrates. Aber es kann doch nicht sein, daß er das, wofür der Unterricht ziemlich viel kostet, [d] seinen Jungen beibringen ließ, aber das, wofür man nichts gebraucht hätte, sie zu guten Männern zu machen, das ausgerechnet ihnen nicht beibringen ließ, wenn es doch gelehrt werden könnte? Aber vielleicht war Thukydides auch gering und hatte nicht viele Freunde bei den Athenern und den Verbündeten? Doch, er hatte einen großen Hausstand, war mächtig im Staat und bei allen Griechen, so daß er, wenn es gelehrt werden könnte, schon jemanden von den Einheimischen oder Fremden gefunden hätte, der die Söhne zu guten Männern gemacht hätte, [e] wenn er wegen seiner politischen Ämter selbst keine Zeit hatte. Aber, mein lieber Anytos, das Gutsein ist wohl doch nicht etwas, was man lehren kann.
Anytos. Ich finde, Schlechtes über andere Leute geht dir recht leicht über die Zunge. Ich würde dir raten, dich in acht zu nehmen, wenn du überhaupt auf mich hören willst. Vielleicht ist es auch in anderen Staaten leichter, Menschen Schlechtes anzutun als Gutes, in unserem ist es ganz sicher so. [95a] Ich glaube, daß du das auch weißt.
Sokrates. Ach, Menon, Anytos ist mir wohl böse, und es wundert mich nicht einmal. Er meint nämlich zum einen, daß

τούτους τοὺς ἄνδρας, ἔπειτα ἡγεῖται καὶ αὐτὸς εἶναι εἷς τούτων. ἀλλ' οὗτος μὲν ἐάν ποτε γνῷ οἷόν ἐστιν τὸ κακῶς λέγειν, παύσεται χαλεπαίνων, νῦν δὲ ἀγνοεῖ· σὺ δέ μοι εἰπέ, οὐ καὶ παρ' ὑμῖν εἰσιν καλοὶ κἀγαθοὶ ἄνδρες;

ΜΕΝ. Πάνυ γε.

[b] ΣΩ. Τί οὖν; ἐθέλουσιν οὗτοι παρέχειν αὑτοὺς διδασκάλους τοῖς νέοις, καὶ ὁμολογεῖν διδάσκαλοί τε εἶναι καὶ διδακτὸν ἀρετήν;

ΜΕΝ. Οὐ μὰ τὸν Δία, ὦ Σώκρατες, ἀλλὰ τοτὲ μὲν ἂν αὐτῶν ἀκούσαις ὡς διδακτόν, τοτὲ δὲ ὡς οὔ.

ΣΩ. Φῶμεν οὖν τούτους διδασκάλους εἶναι τούτου τοῦ πράγματος, οἷς μηδὲ αὐτὸ τοῦτο ὁμολογεῖται;

ΜΕΝ. Οὔ μοι δοκεῖ, ὦ Σώκρατες.

ΣΩ. Τί δὲ δή; οἱ σοφισταί σοι οὗτοι, οἵπερ μόνοι ἐπαγγέλλονται, δοκοῦσι διδάσκαλοι εἶναι ἀρετῆς;

[c] ΜΕΝ. Καὶ Γοργίου μάλιστα, ὦ Σώκρατες, ταῦτα ἄγαμαι, ὅτι οὐκ ἄν ποτε αὐτοῦ τοῦτο ἀκούσαις ὑπισχνουμένου, ἀλλὰ καὶ τῶν ἄλλων καταγελᾷ, ὅταν ἀκούσῃ ὑπισχνουμένων· ἀλλὰ λέγειν οἴεται δεῖν ποιεῖν δεινούς.

ΣΩ. Οὐδ' ἄρα σοὶ δοκοῦσιν οἱ σοφισταὶ διδάσκαλοι εἶναι;

ΜΕΝ. Οὐκ ἔχω λέγειν, ὦ Σώκρατες. καὶ γὰρ αὐτὸς ὅπερ οἱ πολλοὶ πέπονθα· τοτὲ μέν μοι δοκοῦσιν, τοτὲ δὲ οὔ.

ΣΩ. Οἶσθα δὲ ὅτι οὐ μόνον σοί τε καὶ τοῖς ἄλλοις τοῖς πολιτικοῖς τοῦτο δοκεῖ τοτὲ μὲν εἶναι διδακτόν, τοτὲ δ' οὔ, [d] ἀλλὰ καὶ Θέογνιν τὸν ποιητὴν οἶσθ' ὅτι ταὐτὰ ταῦτα λέγει;

ΜΕΝ. Ἐν ποίοις ἔπεσιν;

ΣΩ. Ἐν τοῖς ἐλεγείοις, οὗ λέγει –

καὶ παρὰ τοῖσιν πῖνε καὶ ἔσθιε, καὶ μετὰ τοῖσιν
ἵζε, καὶ ἅνδανε τοῖς, ὧν μεγάλη δύναμις.

ich Schlechtes über diese Männer rede, und zum anderen glaubt er, daß er selbst zu ihnen gehört. Er wird schon aufhören, mir zu grollen, wenn er erst einmal weiß, was ›schlecht reden‹ heißt, aber jetzt weiß er es noch nicht. Sag du mir jetzt, ob es nicht auch bei euch rechtschaffene Männer gibt?

Menon. Ja, sicher.

[b] *Sokrates.* Ja, wollen die sich selbst jungen Leuten als Lehrer anbieten, und sind sie sich einig, daß sie Lehrer sind und daß Gutsein gelehrt werden kann?

Menon. Beim Zeus, nein, mal hörst du von ihnen, daß es gelehrt werden kann, mal, daß es nicht so ist.

Sokrates. Sollen wir denn wirklich sagen, daß ausgerechnet diejenigen Lehrer für diese Sache sind, die sich nicht einmal darin einig sind?

Menon. Das meine ich nicht.

Sokrates. Findest du denn, daß die Sophisten, die sich als einzige zu dem Beruf bekennen, Lehrer für Gutsein sind?

[c] *Menon.* Nun, ich habe besonders das bei Gorgias bewundert, daß du ihn nie versprechen hörst, er lehre Gutsein; er macht sich sogar lustig über die anderen, wenn er ihre Versprechungen hört. Er meint lediglich, man müsse rednerisch schulen.

Sokrates. Du meinst also nicht, daß die Sophisten Lehrer ⟨für Gutsein⟩ sind?

Menon. Das kann ich nicht sagen; mir geht es wie den meisten: Mal glaube ich es, mal nicht.

Sokrates. Du weißt, es geht nicht nur dir und den anderen Politikern so, daß sie das Gutsein mal für lehrbar, mal für nicht lehrbar halten, [d] auch der Dichter Theognis sagt das.

Menon. In welchen Gedichten?

Sokrates. In den Elegien, wo es heißt:

> »Mit denen iß und trink und denen sei gefällig, die Macht haben. Denn von den Tüchtigen lernt man Tüchtiges[27], in

ἐσθλῶν μὲν γὰρ ἄπ' ἐσθλὰ διδάξεαι· ἢν δὲ κακοῖσιν
συμμίσγῃς, [e] ἀπολεῖς καὶ τὸν ἐόντα νόον.

οἶσθ' ὅτι ἐν τούτοις μὲν ὡς διδακτοῦ οὔσης τῆς ἀρετῆς λέγει;
ΜΕΝ. Φαίνεταί γε.
ΣΩ. Ἐν ἄλλοις δέ γε ὀλίγον μεταβάς, –

εἰ δ' ἦν ποιητόν, φησί, καὶ ἔνθετον ἀνδρὶ νόημα,

λέγει πως ὅτι –

πολλοὺς ἂν μισθοὺς καὶ μεγάλους ἔφερον

οἱ δυνάμενοι τοῦτο ποιεῖν, καὶ –

οὔ ποτ' ἂν ἐξ ἀγαθοῦ πατρὸς ἔγεντο κακός,
πειθόμενος μύθοισι σαόφροσιν. [96a] ἀλλὰ διδάσκων
οὔ ποτε ποιήσεις τὸν κακὸν ἄνδρ' ἀγαθόν.

ἐννοεῖς ὅτι αὐτὸς αὑτῷ πάλιν περὶ τῶν αὐτῶν τἀναντία λέγει;
ΜΕΝ. Φαίνεται.
ΣΩ. Ἔχεις οὖν εἰπεῖν ἄλλου ὁτουοῦν πράγματος, οὗ οἱ μὲν φάσκοντες διδάσκαλοι εἶναι οὐχ ὅπως ἄλλων διδάσκαλοι ὁμολογοῦνται, ἀλλ' οὐδὲ αὐτοὶ ἐπίστασθαι, ἀλλὰ πονηροὶ εἶναι περὶ αὐτὸ τοῦτο τὸ πρᾶγμα [b] οὗ φασι διδάσκαλοι εἶναι, οἱ δὲ ὁμολογούμενοι αὐτοὶ καλοὶ κἀγαθοὶ τοτὲ μέν φασιν αὐτὸ διδακτὸν εἶναι, τοτὲ δὲ οὔ; τοὺς οὖν οὕτω τεταραγμένους περὶ ὁτουοῦν φαίης ἂν σὺ κυρίως διδασκάλους εἶναι;
ΜΕΝ. Μὰ Δί' οὐκ ἔγωγε.
ΣΩ. Οὐκοῦν εἰ μήτε οἱ σοφισταὶ μήτε οἱ αὐτοὶ καλοὶ κἀγαθοὶ ὄντες διδάσκαλοί εἰσι τοῦ πράγματος, δῆλον ὅτι οὐκ ἂν ἄλλοι γε;
ΜΕΝ. Οὔ μοι δοκεῖ.
[c] ΣΩ. Εἰ δέ γε μὴ διδάσκαλοι, οὐδὲ μαθηταί;
ΜΕΝ. Δοκεῖ μοι ἔχειν ὡς λέγεις.
ΣΩ. Ὡμολογήκαμεν δέ γε, πράγματος οὗ μήτε διδάσκαλοι μήτε μαθηταὶ εἶεν, τοῦτο μηδὲ διδακτὸν εἶναι;
ΜΕΝ. Ὡμολογήκαμεν.

> der Gesellschaft von Schlechten [e] verlierst du auch den Verstand, den du hast.«

Du siehst, hier redet er, als ob Gutsein lehrbar wäre.
Menon. Offensichtlich.
Sokrates. In anderen Zeilen heißt es aber ein wenig anders:

> »Ließe der Verstand sich herstellen und einpflanzen dem Manne«, so sagt er, »so trügen viel und großen Lohn die davon, die es vermöchten.« Und: »Nie wird dann aus gutem Stamme ein Schlechter werden, wenn er vernünftigen Worten folgt. Aber [96a] durch Lehre machst du den schlechten Mann nie gut.«

Siehst du, wie er hier über dasselbe genau das Gegenteil sagt?
Menon. Offensichtlich.
Sokrates. Kannst du denn irgendeine andere Sache nennen, in der jene, die darin Lehrer zu sein behaupten, von anderen nicht anerkannt werden, und man sogar von ihnen meint, daß sie nichts davon verstehen und unfähig in der Sache sind, [b] in der sie behaupten, Lehrer zu sein? Andererseits sagen diejenigen, die nach Meinung aller rechtschaffen sind, mal, ⟨Gutsein⟩ könne gelehrt werden, mal, nicht. Wenn Leute in irgendeiner Sache so verwirrt sind, kannst du von denen dann sagen, sie seien wirklich Lehrer?
Menon. Nein, das kann ich nicht.
Sokrates. Wenn also weder die Sophisten noch die rechtschaffenen Leute Lehrer in dieser Angelegenheit sind, gibt es doch offensichtlich keine anderen.
Menon. Nein, ich glaube nicht.
[c] *Sokrates.* Wenn es aber keine Lehrer gibt, gibt es auch keine Schüler.
Menon. Ich finde, es stimmt, was du sagst.
Sokrates. Wir sind aber darin übereingekommen, daß eine Sache, für die es weder Lehrer noch Schüler gibt, auch nicht gelehrt werden kann.
Menon. Ja, das sind wir.

ΣΩ. Οὐκοῦν ἀρετῆς οὐδαμοῦ φαίνονται διδάσκαλοι;
ΜΕΝ. Ἔστι ταῦτα.
ΣΩ. Εἰ δέ γε μὴ διδάσκαλοι, οὐδὲ μαθηταί;
ΜΕΝ. Φαίνεται οὕτως.
ΣΩ. Ἀρετὴ ἄρα οὐκ ἂν εἴη διδακτόν;
[d] ΜΕΝ. Οὐκ ἔοικεν, εἴπερ ὀρθῶς ἡμεῖς ἐσκέμμεθα. ὥστε καὶ θαυμάζω δή, ὦ Σώκρατες, πότερόν ποτε οὐδ' εἰσὶν ἀγαθοὶ ἄνδρες, ἢ τίς ἂν εἴη τρόπος τῆς γενέσεως τῶν ἀγαθῶν γιγνομένων.
ΣΩ. Κινδυνεύομεν, ὦ Μένων, ἐγώ τε καὶ σὺ φαῦλοί τινες εἶναι ἄνδρες, καὶ σέ τε Γοργίας οὐχ ἱκανῶς πεπαιδευκέναι καὶ ἐμὲ Πρόδικος. παντὸς μᾶλλον οὖν προσεκτέον τὸν νοῦν ἡμῖν αὐτοῖς, καὶ ζητητέον ὅστις ἡμᾶς ἑνί γέ τῳ τρόπῳ βελτίους ποιήσει· [e] λέγω δὲ ταῦτα ἀποβλέψας πρὸς τὴν ἄρτι ζήτησιν, ὡς ἡμᾶς ἔλαθεν καταγελάστως ὅτι οὐ μόνον ἐπιστήμης ἡγουμένης ὀρθῶς τε καὶ εὖ τοῖς ἀνθρώποις πράττεται τὰ πράγματα, ᾗ ἴσως καὶ διαφεύγει ἡμᾶς τὸ γνῶναι τίνα ποτὲ τρόπον γίγνονται οἱ ἀγαθοὶ ἄνδρες.
ΜΕΝ. Πῶς τοῦτο λέγεις, ὦ Σώκρατες;
ΣΩ. Ὧδε· ὅτι μὲν τοὺς ἀγαθοὺς ἄνδρας δεῖ ὠφελίμους εἶναι, [97a] ὀρθῶς ὡμολογήκαμεν τοῦτό γε ὅτι οὐκ ἂν ἄλλως ἔχοι· ἦ γάρ;
ΜΕΝ. Ναί.
ΣΩ. Καὶ ὅτι γε ὠφέλιμοι ἔσονται, ἂν ὀρθῶς ἡμῖν ἡγῶνται τῶν πραγμάτων, καὶ τοῦτό που καλῶς ὡμολογοῦμεν;
ΜΕΝ. Ναί.
ΣΩ. Ὅτι δ' οὐκ ἔστιν ὀρθῶς ἡγεῖσθαι, ἐὰν μὴ φρόνιμος ᾖ, τοῦτο ὅμοιοί ἐσμεν οὐκ ὀρθῶς ὡμολογηκόσιν.
ΜΕΝ. Πῶς δὴ [ὀρθῶς] λέγεις;
ΣΩ. Ἐγὼ ἐρῶ. ⟨εἰ⟩ εἰδὼς τὴν ὁδὸν τὴν εἰς Λάρισαν ἢ ὅποι βούλει ἄλλοσε βαδίζοι καὶ ἄλλοις ἡγοῖτο, ἄλλο τι ὀρθῶς ἂν καὶ εὖ ἡγοῖτο;
ΜΕΝ. Πάνυ γε.

Sokrates. Und es gibt doch anscheinend wirklich nirgendwo Lehrer für Gutsein?
Menon. So ist es.
Sokrates. Wenn keine Lehrer, auch keine Schüler?
Menon. Anscheinend.
Sokrates. Gutsein könnte demnach nicht gelehrt werden?
[d] *Menon.* Es sieht nicht so aus, wenn wir es richtig bedacht haben; so frage ich mich wirklich, ob es gar keine guten Männer gibt oder auf welche Weise dann die guten Männer gut geworden sind.
Sokrates. Wir beide sind wohl nicht so gut; dich hat Gorgias nicht genug erzogen, und mich Prodikos[28]. Wir müssen vor allem jetzt auf uns selbst achten und untersuchen, wer uns wenigstens in einer Hinsicht besser macht. [e] Ich meine das im Hinblick auf unsere Untersuchung gerade: komischerweise ist uns entgangen, daß Menschen nicht nur dann ihre Angelegenheiten richtig und gut ausführen, wenn Wissen sie leitet. Dadurch ist uns vielleicht die Einsicht entgangen, auf welche andere Weise Männer gut werden.
Menon. Was meinst du denn?
Sokrates. Folgendes: Gute Männer müssen doch nützlich sein, [97a] darauf haben wir uns doch zu Recht geeinigt, daß das nicht anders geht, oder?
Menon. Ja.
Sokrates. Und daß sie nützlich sind, wenn sie uns politisch richtig führen, darin haben wir uns auch zu Recht geeinigt?
Menon. Ja.
Sokrates. Daß man aber nur richtig führen kann, wenn man überlegt handelt, darin sind wir zu Unrecht übereingekommen.
Menon. Wie meinst du das?
Sokrates. Das werde ich dir sagen. Jemand, der den Weg nach Larisa oder sonstwohin kennt, würde doch, wenn er ihn gänge und andere führte, richtig und gut führen?
Menon. Ja, sicher.

[b] ΣΩ. Τί δ' εἴ τις ὀρθῶς μὲν δοξάζων ἥτις ἐστὶν ἡ ὁδός, ἐληλυθὼς δὲ μὴ μηδ' ἐπιστάμενος, οὐ καὶ οὗτος ἂν ὀρθῶς ἡγοῖτο;

ΜΕΝ. Πάνυ γε.

ΣΩ. Καὶ ἕως γ' ἄν που ὀρθὴν δόξαν ἔχῃ περὶ ὧν ὁ ἕτερος ἐπιστήμην, οὐδὲν χείρων ἡγεμὼν ἔσται, οἰόμενος μὲν ἀληθῆ, φρονῶν δὲ μή, τοῦ τοῦτο φρονοῦντος.

ΜΕΝ. Οὐδὲν γάρ.

ΣΩ. Δόξα ἄρα ἀληθὴς πρὸς ὀρθότητα πράξεως οὐδὲν χείρων ἡγεμὼν φρονήσεως· καὶ τοῦτό ἐστιν ὃ νυνδὴ παρελείπομεν ἐν τῇ περὶ τῆς ἀρετῆς σκέψει ὁποῖόν τι εἴη, λέγοντες ὅτι φρόνησις μόνον ἡγεῖται τοῦ ὀρθῶς πράττειν· [c] τὸ δὲ ἄρα καὶ δόξα ἦν ἀληθής.

ΜΕΝ. Ἔοικέ γε.

ΣΩ. Οὐδὲν ἄρα ἧττον ὠφέλιμόν ἐστιν ὀρθὴ δόξα ἐπιστήμης.

ΜΕΝ. Τοσούτῳ γε, ὦ Σώκρατες, ὅτι ὁ μὲν τὴν ἐπιστήμην ἔχων ἀεὶ ἂν ἐπιτυγχάνοι, ὁ δὲ τὴν ὀρθὴν δόξαν τοτὲ μὲν ἂν τυγχάνοι, τοτὲ δ' οὔ.

ΣΩ. Πῶς λέγεις; ὁ ἀεὶ ἔχων ὀρθὴν δόξαν οὐκ ἀεὶ ἂν τυγχάνοι, ἕωσπερ ὀρθὰ δοξάζοι;

ΜΕΝ. Ἀνάγκη μοι φαίνεται· ὥστε θαυμάζω, ὦ Σώκρατες, τούτου οὕτως ἔχοντος, [d] ὅτι δή ποτε πολὺ τιμιωτέρα ἡ ἐπιστήμη τῆς ὀρθῆς δόξης, καὶ δι' ὅτι τὸ μὲν ἕτερον, τὸ δὲ ἕτερόν ἐστιν αὐτῶν.

ΣΩ. Οἶσθα οὖν δι' ὅτι θαυμάζεις, ἢ ἐγώ σοι εἴπω;

ΜΕΝ. Πάνυ γ' εἰπέ.

ΣΩ. Ὅτι τοῖς Δαιδάλου ἀγάλμασιν οὐ προσέσχηκας τὸν νοῦν· ἴσως δὲ οὐδ' ἔστιν παρ' ὑμῖν.

ΜΕΝ. Πρὸς τί δὲ δὴ τοῦτο λέγεις;

ΣΩ. Ὅτι καὶ ταῦτα, ἐὰν μὲν μὴ δεδεμένα ᾖ, ἀπο-

[b] *Sokrates.* Was passiert aber, wenn jemand richtig meint, welcher der Weg nach Larisa ist, ihn aber nicht gegangen ist und ihn auch nicht kennt, könnte nicht auch der richtig führen?

Menon. Ja, bestimmt.

Sokrates. Auch, wenn er nur eine richtige Meinung davon hat, wovon der andere Wissen hat, wird er doch kein schlechterer Führer sein als der Wissende, wenn er das Richtige meint, aber nicht weiß.

Menon. Nein, überhaupt nicht.

Sokrates. Wahre Meinung ist folglich fürs richtige Handeln kein schlechterer Führer als die Überlegung. Und gerade das ließen wir bei der Betrachtung, welcher Art das Gutsein sei, beiseite, als wir sagten, daß nur die Überlegung das richtige Handeln leitet; [c] aber tatsächlich gab es noch wahre Meinung.

Menon. Das sieht so aus.

Sokrates. Richtige Meinung ist also nicht weniger nützlich als Wissen.

Menon. Aber doch wenigstens insofern, als der Wissende immer das Richtige trifft; wer eine wahre Meinung hat, trifft nur manchmal, manchmal aber auch nicht.

Sokrates. Wie meinst du das? Wer immer eine richtige Meinung hat, der sollte doch wohl auch immer das Richtige treffen, solange er ja das Richtige meint?

Menon. Das scheint zwingend so. Aber wenn das so ist, dann wundere ich mich darüber, [d] daß Wissen viel schätzenswerter ist als richtige Meinung, und ich frage mich, worin das eine vom anderen verschieden ist.

Sokrates. Weißt du, warum du dich wunderst, oder soll ich es dir sagen?

Menon. Sag es mir doch.

Sokrates. Du hast nicht auf die Statuen des Dädalus[29] geachtet, vielleicht gibt es bei euch auch keine.

Menon. Wozu erwähnst du das?

Sokrates. Weil die auch davonlaufen und entwischen, wenn

διδράσκει καὶ δραπετεύει, ἐὰν δὲ δεδεμένα, παραμένει.

[e] ΜΕΝ. Τί οὖν δή;

ΣΩ. Τῶν ἐκείνου ποιημάτων λελυμένον μὲν ἐκτῆσθαι οὐ πολλῆς τινος ἄξιόν ἐστι τιμῆς, ὥσπερ δραπέτην ἄνθρωπον – οὐ γὰρ παραμένει – δεδεμένον δὲ πολλοῦ ἄξιον· πάνυ γὰρ καλὰ τὰ ἔργα ἐστίν. πρὸς τί οὖν δὴ λέγω ταῦτα; πρὸς τὰς δόξας τὰς ἀληθεῖς. καὶ γὰρ αἱ δόξαι αἱ ἀληθεῖς, ὅσον μὲν ἂν χρόνον παραμένωσιν, καλὸν τὸ χρῆμα καὶ πάντ' ἀγαθὰ ἐργάζονται· [98a] πολὺν δὲ χρόνον οὐκ ἐθέλουσι παραμένειν, ἀλλὰ δραπετεύουσιν ἐκ τῆς ψυχῆς τοῦ ἀνθρώπου, ὥστε οὐ πολλοῦ ἄξιαί εἰσιν, ἕως ἄν τις αὐτὰς δήσῃ αἰτίας λογισμῷ. τοῦτο δ' ἐστίν, ὦ Μένων ἑταῖρε, ἀνάμνησις, ὡς ἐν τοῖς πρόσθεν ἡμῖν ὡμολόγηται. ἐπειδὰν δὲ δεθῶσιν, πρῶτον μὲν ἐπιστῆμαι γίγνονται, ἔπειτα μόνιμοι· καὶ διὰ ταῦτα δὴ τιμιώτερον ἐπιστήμη ὀρθῆς δόξης ἐστίν, καὶ διαφέρει δεσμῷ ἐπιστήμη ὀρθῆς δόξης.

ΜΕΝ. Νὴ τὸν Δία, ὦ Σώκρατες, ἔοικεν τοιούτῳ τινί.

[b] ΣΩ. Καὶ μὴν καὶ ἐγὼ ὡς οὐκ εἰδὼς λέγω, ἀλλὰ εἰκάζων· ὅτι δέ ἐστίν τι ἀλλοῖον ὀρθὴ δόξα καὶ ἐπιστήμη, οὐ πάνυ μοι δοκῶ τοῦτο εἰκάζειν, ἀλλ' εἴπερ τι ἄλλο φαίην ἂν εἰδέναι – ὀλίγα δ' ἂν φαίην – ἓν δ' οὖν καὶ τοῦτο ἐκείνων θείην ἂν ὧν οἶδα.

ΜΕΝ. Καὶ ὀρθῶς γε, ὦ Σώκρατες, λέγεις.

ΣΩ. Τί δέ; τόδε οὐκ ὀρθῶς, ὅτι ἀληθὴς δόξα ἡγουμένη τὸ ἔργον ἑκάστης τῆς πράξεως οὐδὲν χεῖρον ἀπεργάζεται ἢ ἐπιστήμη;

ΜΕΝ. Καὶ τοῦτο δοκεῖς μοι ἀληθῆ λέγειν.

[c] ΣΩ. Οὐδὲν ἄρα ὀρθὴ δόξα ἐπιστήμης χεῖρον οὐδὲ ἧττον ὠφελίμη ἔσται εἰς τὰς πράξεις, οὐδὲ ἁνὴρ ὁ ἔχων ὀρθὴν δόξαν ἢ ὁ ἐπιστήμην.

ΜΕΝ. Ἔστι ταῦτα.

man sie nicht anbindet; wenn man es tut, bleiben sie stehen.

[e] *Menon.* Was soll das denn?

Sokrates. Es hat kaum Wert, eines von seinen Werken zu erwerben, das nicht angebunden ist, genausowenig wie einen Sklaven, der ausreißt, es bleibt nämlich nicht. Angebunden ist es allerdings viel wert. Die Werke sind nämlich wirklich schön. Wozu ich das erwähne? Im Hinblick auf die wahren Meinungen: Denn auch die wahren Meinungen sind eine schöne Sache und bewirken Gutes, solange sie bleiben. [98a] Lange Zeit wollen sie aber nicht bleiben, sondern entwischen aus der Seele des Menschen, so daß sie nicht viel wert sind, bis sie jemand anbindet durch eine begründende Argumentation.[30] Das aber ist die Wiedererinnerung, wie wir im vorangegangenen Gespräch übereingekommen sind. Wenn die Meinungen dann gebunden sind, werden sie erstens Erkenntnisse, zweitens bleibend. Deshalb ist Wissen wertvoller als richtige Meinung, und durch das Anbinden unterscheidet sich Wissen von richtiger Meinung.

Menon. Ja, beim Zeus, irgendwie so scheint's mir zu sein.

[b] *Sokrates.* Mir auch irgendwie. Ich sage das zwar, obwohl ich es auch nicht sicher weiß, sondern nur vermute. Daß richtige Meinung aber etwas anderes ist als Wissen, das glaube ich bestimmt nicht nur zu vermuten; wenn ich behaupten kann, irgend etwas zu wissen – wenig ist es nur –, dann würde ich auch dieses zu den Dingen zählen, die ich weiß.

Menon. Ganz richtig.

Sokrates. Ja, und ist das nicht auch richtig, daß unter der Leitung der wahren Meinung jede Handlung genauso gut ausgeführt wird wie unter der Leitung von Wissen?

Menon. Ich finde, auch das ist richtig.

[c] *Sokrates.* Also ist die richtige Meinung für das Handeln nicht schlechter und auch nicht weniger nützlich als Wissen, und genausowenig ist es ein Mann mit richtiger Meinung oder Wissen.

Menon. So ist es.

ΣΩ. Καὶ μὴν ὅ γε ἀγαθὸς ἀνὴρ ὠφέλιμος ἡμῖν ὡμολόγηται εἶναι.
MEN. Ναί.
ΣΩ. Ἐπειδὴ τοίνυν οὐ μόνον δι' ἐπιστήμην ἀγαθοὶ ἄνδρες ἂν εἶεν καὶ ὠφέλιμοι ταῖς πόλεσιν, εἴπερ εἶεν ἀλλὰ καὶ δι' ὀρθὴν δόξαν, τούτοιν δὲ οὐδέτερον φύσει ἐστὶν τοῖς ἀνθρώποις, οὔτε ἐπιστήμη οὔτε δόξα ἀληθής –
[d] ἢ δοκεῖ σοι φύσει ὁποτερονοῦν αὐτοῖν εἶναι;
MEN. Οὐκ ἔμοιγε.
ΣΩ. Οὐκοῦν ἐπειδὴ οὐ φύσει, οὐδὲ οἱ ἀγαθοὶ φύσει εἶεν ἄν.
MEN. Οὐ δῆτα.
ΣΩ. Ἐπειδὴ δέ γε οὐ φύσει, ἐσκοποῦμεν τὸ μετὰ τοῦτο εἰ διδακτόν ἐστιν.
MEN. Ναί.
ΣΩ. Οὐκοῦν διδακτὸν ἔδοξεν εἶναι, εἰ φρόνησις ἡ ἀρετή;
MEN. Ναί.
ΣΩ. Κἂν εἴ γε διδακτὸν εἴη, φρόνησις ἂν εἶναι;
MEN. Πάνυ γε.
[e] ΣΩ. Καὶ εἰ μέν γε διδάσκαλοι εἶεν, διδακτὸν ἂν εἶναι, μὴ ὄντων δὲ οὐ διδακτόν;
MEN. Οὕτω.
ΣΩ. Ἀλλὰ μὴν ὡμολογήκαμεν μὴ εἶναι αὐτοῦ διδασκάλους;
MEN. Ἔστι ταῦτα.
ΣΩ. Ὡμολογήκαμεν ἄρα μήτε διδακτὸν αὐτὸ μήτε φρόνησιν εἶναι;
MEN. Πάνυ γε.
ΣΩ. Ἀλλὰ μὴν ἀγαθόν γε αὐτὸ ὁμολογοῦμεν εἶναι;
MEN. Ναί.
ΣΩ. Ὠφέλιμον δὲ καὶ ἀγαθὸν εἶναι τὸ ὀρθῶς ἡγούμενον;

Sokrates. Und der gute Mann, so waren wir uns doch einig, ist nützlich.
Menon. Ja.
Sokrates. Dann sind Männer nicht nur aufgrund von Wissen gut und für den Staat nützlich, wenn sie es denn sein sollten, sondern auch aufgrund von richtiger Meinung, und keines von beiden, weder richtige Meinung noch Wissen, hat der Mensch von Natur aus – [d] oder findest du, daß er eins von beiden von Natur aus hat?
Menon. Nein.
Sokrates. Da man das also nicht von Natur aus hat, können auch Menschen nicht von Natur aus gut sein.
Menon. Nein, wirklich nicht.
Sokrates. Da nicht von Natur aus, überlegten wir, ob es gelehrt werden kann.
Menon. Ja.
Sokrates. Und wir fanden, Gutsein könne gelehrt werden, wenn es Überlegung wäre.
Menon. Ja, sicher.
Sokrates. Und wenn es gelehrt werden könnte, wäre es Überlegung?
Menon. Ja, sicher.
[e] *Sokrates.* Und wenn es Lehrer gäbe, könnte es gelehrt werden, wenn es keine gibt, nicht?
Menon. So ist es.
Sokrates. Aber wir sind uns einig, daß es dafür keine Lehrer gibt.
Menon. So ist es.
Sokrates. Wir sind uns also auch einig, daß Gutsein weder gelehrt werden kann, noch Überlegung ist.
Menon. Ja, sicher.
Sokrates. Aber daß es etwas Gutes ist, meinen wir doch übereinstimmend.
Menon. Ja.
Sokrates. Und daß das, was richtig leitet, nützlich und gut ist?

ΜΕΝ. Πάνυ γε.

[99a] ΣΩ. Ὀρθῶς δέ γε ἡγεῖσθαι δύο ὄντα ταῦτα μόνα, δόξαν τε ἀληθῆ καὶ ἐπιστήμην, ἃ ἔχων ἄνθρωπος ὀρθῶς ἡγεῖται – τὰ γὰρ ἀπὸ τύχης τινὸς ὀρθῶς γιγνόμενα οὐκ ἀνθρωπίνῃ ἡγεμονίᾳ γίγνεται – ὧν δὲ ἄνθρωπος ἡγεμών ἐστιν ἐπὶ τὸ ὀρθόν, δύο ταῦτα, δόξα ἀληθὴς καὶ ἐπιστήμη.

ΜΕΝ. Δοκεῖ μοι οὕτω.

ΣΩ. Οὐκοῦν ἐπειδὴ οὐ διδακτόν ἐστιν, οὐδ' ἐπιστήμῃ δὴ ἔτι γίγνεται ἡ ἀρετή;

ΜΕΝ. Οὐ φαίνεται.

[b] ΣΩ. Δυοῖν ἄρα ὄντοιν ἀγαθοῖν καὶ ὠφελίμοιν τὸ μὲν ἕτερον ἀπολέλυται, καὶ οὐκ ἂν εἴη ἐν πολιτικῇ πράξει ἐπιστήμη ἡγεμών.

ΜΕΝ. Οὔ μοι δοκεῖ.

ΣΩ. Οὐκ ἄρα σοφίᾳ τινὶ οὐδὲ σοφοὶ ὄντες οἱ τοιοῦτοι ἄνδρες ἡγοῦντο ταῖς πόλεσιν, οἱ ἀμφὶ Θεμιστοκλέα τε καὶ οὓς ἄρτι Ἄνυτος ὅδε ἔλεγεν· διὸ δὴ καὶ οὐχ οἷοί τε ἄλλους ποιεῖν τοιούτους οἷοι αὐτοί εἰσι, ἅτε οὐ δι' ἐπιστήμην ὄντες τοιοῦτοι.

ΜΕΝ. Ἔοικεν οὕτως ἔχειν, ὦ Σώκρατες, ὡς λέγεις.

ΣΩ. Οὐκοῦν εἰ μὴ ἐπιστήμῃ, εὐδοξίᾳ δὴ τὸ λοιπὸν γίγνεται· [c] ᾗ οἱ πολιτικοὶ ἄνδρες χρώμενοι τὰς πόλεις ὀρθοῦσιν, οὐδὲν διαφερόντως ἔχοντες πρὸς τὸ φρονεῖν ἢ οἱ χρησμῳδοί τε καὶ οἱ θεομάντεις· καὶ γὰρ οὗτοι ἐνθουσιῶντες λέγουσιν μὲν ἀληθῆ καὶ πολλά, ἴσασι δὲ οὐδὲν ὧν λέγουσιν.

ΜΕΝ. Κινδυνεύει οὕτως ἔχειν.

ΣΩ. Οὐκοῦν, ὦ Μένων, ἄξιον τούτους θείους καλεῖν τοὺς ἄνδρας, οἵτινες νοῦν μὴ ἔχοντες πολλὰ καὶ μεγάλα κατορθοῦσιν ὧν πράττουσι καὶ λέγουσι;

ΜΕΝ. Πάνυ γε.

ΣΩ. Ὀρθῶς ἄρ' ἂν καλοῖμεν θείους τε οὓς νυνδὴ ἐλέγο-

Menon. Ja, sicher.

[99a] *Sokrates.* Und daß aber nur diese zwei richtig leiten: wahre Meinung und Wissen? Wenn ein Mensch diese hat, leitet er richtig; denn was aus irgendeinem Zufall geschieht, geschieht nicht durch menschliche Leitung. In den Dingen, in denen der Mensch die Führung zum Richtigen hin hat, ⟨leiten⟩ diese zwei, richtige Meinung und Wissen.

Menon. Das finde ich richtig so.

Sokrates. Und da doch Gutsein nicht gelehrt werden kann, kann es auch nicht durch Wissen entstehen?

Menon. Nein.

[b] *Sokrates.* Von zwei Sachen, die gut und nützlich sind, ist also eine ausgeschieden, und so hätte denn im politischen Handeln nicht Wissen die Leitung.

Menon. Nein, das glaube ich auch nicht.

Sokrates. Demnach leiteten solche Leute wie die Genossen des Themistokles und all die, die Anytos eben erwähnte, den Staat nicht mit Klugheit oder weil sie besonders klug waren. Und deshalb können sie auch nicht andere zu solchen Leuten machen, wie sie selbst sind, weil sie es selbst nicht aufgrund von Wissen sind.

Menon. Anscheinend ist es so, wie du sagst.

Sokrates. Wenn man also nicht durch Wissen gut wird, dann bleibt nur noch die richtige Meinung übrig: [c] Mit ihr halten die Politiker die Staatsgeschäfte in Ordnung und unterscheiden sich dann, was das Überlegen angeht, wirklich nicht von den Orakelnden und Wahrsagenden. Auch die sagen nämlich in ihrer Begeisterung vieles richtig, wissen aber gar nicht, was sie sagen.

Menon. So verhält es sich wohl.

Sokrates. Und ist es nun nicht recht und billig, diese Männer göttlich zu nennen, die in vielem Wichtigen, was sie tun und reden, Erfolg haben, auch wenn sie keinen Verstand haben?

Menon. Ja, bestimmt.

Sokrates. Ganz zu Recht würden wir sie also göttlich nennen,

μεν χρησμῳδοὺς καὶ μάντεις καὶ τοὺς ποιητικοὺς ἅπαντας· [d] καὶ τοὺς πολιτικοὺς οὐχ ἥκιστα τούτων φαῖμεν ἂν θείους τε εἶναι καὶ ἐνθουσιάζειν, ἐπίπνους ὄντας καὶ κατεχομένους ἐκ τοῦ θεοῦ, ὅταν κατορθῶσι λέγοντες πολλὰ καὶ μεγάλα πράγματα, μηδὲν εἰδότες ὧν λέγουσιν.
ΜΕΝ. Πάνυ γε.
ΣΩ. Καὶ αἵ γε γυναῖκες δήπου, ὦ Μένων, τοὺς ἀγαθοὺς ἄνδρας θείους καλοῦσι· καὶ οἱ Λάκωνες ὅταν τινὰ ἐγκωμιάζωσιν ἀγαθὸν ἄνδρα, «Θεῖος ἀνήρ,» φασίν, «οὗτος.»
[e] ΜΕΝ. Καὶ φαίνονταί γε, ὦ Σώκρατες, ὀρθῶς λέγειν. καίτοι ἴσως Ἄνυτος ὅδε σοι ἄχθεται λέγοντι.
ΣΩ. Οὐδὲν μέλει ἔμοιγε. τούτῳ μέν, ὦ Μένων, καὶ αὖθις διαλεξόμεθα· εἰ δὲ νῦν ἡμεῖς ἐν παντὶ τῷ λόγῳ τούτῳ καλῶς ἐζητήσαμέν τε καὶ ἐλέγομεν, ἀρετὴ ἂν εἴη οὔτε φύσει οὔτε διδακτόν, ἀλλὰ θείᾳ μοίρᾳ παραγιγνομένη ἄνευ νοῦ οἷς ἂν παραγίγνηται, [100a] εἰ μή τις εἴη τοιοῦτος τῶν πολιτικῶν ἀνδρῶν οἷος καὶ ἄλλον ποιῆσαι πολιτικόν. εἰ δὲ εἴη, σχεδὸν ἄν τι οὗτος λέγοιτο τοιοῦτος ἐν τοῖς ζῶσιν οἷον ἔφη Ὅμηρος ἐν τοῖς τεθνεῶσιν τὸν Τειρεσίαν εἶναι, λέγων περὶ αὐτοῦ, ὅτι οἶος πέπνυται τῶν ἐν Ἅιδου, τοὶ δὲ σκιαὶ ἀίσσουσι. ταὐτὸν ἂν καὶ ἐνθάδε ὁ τοιοῦτος ὥσπερ παρὰ σκιὰς ἀληθὲς ἂν πρᾶγμα εἴη πρὸς ἀρετήν.
[b] ΜΕΝ. Κάλλιστα δοκεῖς μοι λέγειν, ὦ Σώκρατες.
ΣΩ. Ἐκ μὲν τοίνυν τούτου τοῦ λογισμοῦ, ὦ Μένων, θείᾳ μοίρᾳ ἡμῖν φαίνεται παραγιγνομένη ἡ ἀρετὴ οἷς ἂν παραγίγνηται· τὸ δὲ σαφὲς περὶ αὐτοῦ εἰσόμεθα τότε, ὅταν πρὶν ᾧτινι τρόπῳ τοῖς ἀνθρώποις παραγίγνεται ἀρετή, πρότερον ἐπιχειρήσωμεν αὐτὸ καθ' αὑτὸ ζητεῖν τί ποτ' ἔστιν ἀρετή. νῦν δ' ἐμοὶ μὲν ὥρα ποι ἰέναι, σὺ δὲ ταὐτὰ ταῦτα ἅπερ αὐτὸς πέπεισαι πεῖθε καὶ τὸν ξένον τόνδε Ἄνυτον, ἵνα πρᾳότερος ᾖ· [c] ὡς ἐὰν πείσῃς τοῦτον, ἔστιν ὅτι καὶ Ἀθηναίους ὀνήσεις.

die erwähnten Orakelnden, Wahrsager, und alle Dichter. [d] Von den Politikern würden wir genauso berechtigt sagen, daß sie göttlich sind, begeistert, beflügelt und von der Gottheit besessen, wenn sie mit ihren vielen wichtigen Reden Erfolg haben, obwohl sie gar nicht wissen, was sie sagen.
Menon. Ja, sicher.
Sokrates. Auch die Frauen nennen die guten Männer göttlich, und wenn die Lakonier jemanden als guten Menschen preisen wollen, sagen sie: »Das ist ein göttlicher Mann.«
[e] *Menon.* Offensichtlich sagen sie es zu Recht. Nur Anytos hier ärgert sich, wenn du das sagst.
Sokrates. Das stört mich nicht. Mit ihm unterhalten wir uns später. Wenn wir in unserem ganzen Gespräch die Sache richtig untersucht und besprochen haben, wäre Gutsein weder von Natur aus noch könnte es gelehrt werden; vielmehr fiele es durch göttliche Schickung ohne Einsicht denen zu, denen es eben zufällt, [100a] wenn es nicht einen Politiker gäbe, der auch andere dazu ausbilden könnte. Wenn es aber einen solchen geben sollte, dann könnte man beinahe von ihm sagen, der sei unter den Lebenden, nach einem Wort Homers, wie Teiresias unter den Toten; Homer sagte nämlich über ihn, »dieser allein hat Einsicht unter den Toten, die anderen ziehen vorbei wie Schatten«. Ein solcher Mensch wäre im Hinblick auf die Tugend dasselbe wie ein wirkliches Ding gegenüber Schatten.[31]
[b] *Menon.* Das ist ganz besonders schön gesagt, finde ich.
Sokrates. Es folgt also aus dieser Argumentation, daß Gutsein anscheinend durch göttliche Schickung denen zufällt, denen es eben zufällt. Allerdings werden wir Genaues darüber dann wissen, wenn wir vor der Frage, auf welche Weise das Gutsein den Menschen zufällt, erst einmal darangehen zu untersuchen, was Gutsein selbst ist. Für mich ist es jetzt Zeit zu gehen; versuch du davon, wovon du selbst überzeugt bist, auch deinen Freund Anytos zu überzeugen, damit er etwas umgänglicher wird. [c] Wenn du ihn überzeugen kannst, wirst du auch den Athenern nützlich sein.

Zum Text

Der griechische Text folgt der Ausgabe: *Platonis Opera*, recognovit brevique adnotatione critica instruxit Ioannes Burnet, tom. 3, Oxford: Clarendon Press, 1903. Die wenigen Änderungen (nach Bluck) betreffen folgende Stellen:

	Burnet		*Reclam*
75d 6	προσομολογῆ	S. 18, Z. 21	προομολογῆ
79b 7	ΣΩ. τί οὖν δὴ	S. 30, Z. 12	MEN. Τί οὖν δή;
	τοῦτο λέγω;	S. 30, Z. 13	ΣΩ. Τοῦτο λέγω,
92c 8	ἐπιζητοῦμεν	S. 70, Z. 22	ἐζητοῦμεν
98d 1	† οὔτ ἐπίκτητα		entfällt
99a 7	ἐπιστήμη	S. 90, Z. 9	ἐπιστήμῃ

Anmerkungen

1 Der fiktive Dialog mit den historischen Personen Sokrates, Menon und Anytos spielt im Jahre 402 v. Chr. Platon verfaßte ihn ungefähr zwei Jahrzehnte später. Menon, 18–20 Jahre alt, entstammt einer wohlhabenden thessalischen Adelsfamilie. Xenophon (*Anabasis* I,8–II,6) schildert ihn als Feldherrn auf dem Kyros-Feldzug.

2 Der griechische Terminus Areté (ἀρετή), Substantiv zu ἀγαθός (agathós) »gut«, also wörtlich etwa »Gutsein«, gehört zu den zentralen Wertbegriffen der griechischen Sprache. Für ihn läßt sich kaum eine deutsche Entsprechung finden. Er bezeichnet die Funktionalität und Tauglichkeit bei Dingen wie auch, bei Menschen, das Erfolgreichsein (am ehesten durch »Tüchtigkeit« getroffen). Gemeint ist jedenfalls in erster Linie nicht eine moralische oder sittliche Haltung, die durch die Übersetzung »Tugend« nahegelegt wird. Da einerseits bei der Übersetzung mit »Tugend« der funktionale, erfolgsbezogene Aspekt nicht mitgehört wird, andererseits bei »Tüchtigkeit« nicht der sittliche Aspekt, ist für die vorliegende Übersetzung im folgenden das Kunstwort »Gutsein« gewählt worden, das noch am ehesten die Breite der Bedeutung von Areté einfängt und durch die sprachliche Sperrigkeit bei der Lektüre des Dialogs vielleicht eher auf die unvertrauten Konnotationen von Areté aufmerksam macht als andere vertraute und zu eng festgelegte deutsche Termini. – Zu Areté siehe ausführlicher: Nachwort Teil I.

3 Gorgias von Leontinoi (um 480–380), einer der bekannten Sophisten, der sich vor allem als Rhetoriklehrer verstand. Zu Leben und Schriften siehe: Gorgias von Leontinoi: *Reden, Fragmente und Testimonien*, hrsg. von Th. Buchheim, Hamburg 1989.

4 Thessalisches Adelsgeschlecht.

5 Das griechische Wort εἶδος (eidos) hat eine starke visuelle Konnotation und bedeutet vor allem »Aussehen«, »Gestalt«, »Form« o. ä. Als das, was etwas in seinem Wesen ausmacht, wird es – austauschbar mit ἰδέα (idea) – zu einem Grundwort der platonischen Philosophie. In der Philosophiegeschichte hat sich »Idee« terminologisch eingebürgert.

6 Gemeint sind Sophisten, wie sie im *Euthydem* dargestellt sind; vgl. auch Anm. 14.

7 Prodikos, ein zeitgenössischer Sophist, differenzierte als synonym geltende Ausdrücke in ihrer Bedeutung. Vgl. *Laches* 197d; *Protagoras* 337c–e; *Euthydem* 277e.

8 Empedokles von Agrigent (um 480–420 v. Chr.), Naturphilosoph, erklärte die Sinneswahrnehmung durch die Annahme, daß die Dinge etwas ausströmen, das von dazu passenden Kanälen der Sinnesorgane aufgenommen wird (Theophrast, *De sensu* 7).

9 Fragment 82 Bergk, 94 Bowra; hier kein inhaltlicher Bezug zum Odenkontext, sondern nur rhetorisches Einsprengsel (wie auch *Phaidros* 236d).

10 Sokrates meint die Festtage der Mysterien von Eleusis.

11 Das griechische Wort καλός (kalós) hat nicht die überwiegend ästhetische Konnotation des deutschen Wortes ›schön‹, genausowenig wie ἀγαθός die moralische. καλός ist etwas, das – auch im Blick anderer – vorzuziehen ist, und kann so die Konnotation von ›moralisch gut‹ haben. ἀγαθόν hat hingegen die Konnotation des individuellen Nutzens, heißt also ›gut für mich, meinem Wohl zuträglich‹. Etwas, was ein καλόν ist, also allgemein vorziehenswert, braucht nicht ein ἀγαθόν zu sein, also gut für mich; und umgekehrt kann das, was gut für mich ist, durchaus das Gegenteil von καλός sein, nämlich αἰσχρός (aischrós) ›häßlich«, ›schändlich‹. – Im *Gorgias* wird dieses Problem der Diskrepanz von Moralität und eigenem Nutzen eigens thematisiert. Vgl. dazu Stemmer (1988).

12 Das griechische Verb ἀπορεῖν (aporein) ist die Negation von πορεῖν »freien Weg haben«. Das Substantiv ἀπορία (aporia) ist entsprechend der Zustand, keinen gangbaren Weg zu haben, also »Verlegenheit«, Ausweglosigkeit.

13 Der Vergleich der Wirkung sokratischen Redens mit der von Zaubersprüchen (ἐπῳδαί) und φάρμακα, d. h. Heilkräutern und Giften, also etwas, was reinigt, indem es betäubt, finden wir in den Dialogen häufiger: *Charmides* 155e–157a; *Phaidon* 77e; *Theätet* 157d; vgl. auch die Schilderung des Alkibiades im *Symposion* 215a ff. Das Bezaubern und Betören war aber auch ein gängiger Vorwurf gegen die Sophisten. Zu diesem Kontext: E. Belfiore, »Elenchus, Epode, and Magic: Socrates as Silenus«, in: *Phoenix* 34 (1980) S. 128–137.

14 ἐριστικὸς λόγος (eristikòs lógos): »eristisch« (Adjektiv zu ἔρις »Streit«) sind solche Reden oder Argumente, bei denen es mit logischen Übertölpelungen wie Verengung oder Verschiebung der

Begriffe auf den Sieg ankommt. Der Dialog *Euthydem* stellt ausführlich die Kunststücke solcher Eristiker und deren Entlarvung durch Sokrates vor.

15 Hier wird auf pythagoreische oder orphische Kreise angespielt, die die Wiedergeburt lehrten.

16 Die Verse werden Pindar zugeschrieben und sind nur in diesem Fragment überliefert.

17 Solche Versuche, dem Gesprächspartner eine Falle zu stellen, um als Sieger dazustehen, sind Kennzeichen der »eristischen Argumentationen«, in denen es nicht um die Klärung einer Sache geht.

18 Aus den Fragen des Sokrates ergibt sich folgende Konstruktion:

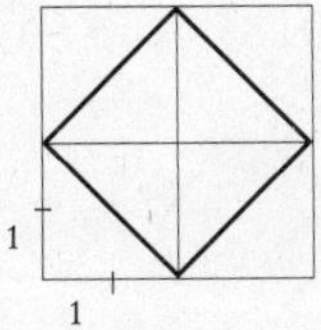

Sie macht unmittelbar sinnfällig, daß das innere Quadrat aus 4 Dreiecken doppelt so groß ist wie das Ausgangsquadrat aus zwei Dreiecken.

19 Zur Bedeutung »gut« vgl. Anm. 2; die Aussage ist keine Tautologie, da sie besagt, daß das Gutsein, die Tüchtigkeit, auch demjenigen, der gut und tüchtig ist, nützt, seinem Glück zuträglich ist.

20 Anytos war der Hauptankläger im Prozeß gegen Sokrates drei Jahre später; vgl. die Drohung 94e und Sokrates' Äußerungen am Schluß des Dialogs (99c, 100c).

21 Die historische Anspielung ist nicht klar; verschiedene Vermutungen sind referiert bei Bluck, S. 345 f.

22 Themistokles (um 520–460), großer athenischer Feldherr in den Perserkriegen, baute die athenische Flotte auf, später verbannt.

23 Aristeides, athenischer Feldherr gegen die Perser, Gegenspieler des Themistokles, 482 verbannt.

24 Lysimachos und Melesias (s. 94c) suchen im Dialog *Laches* geeignete Lehrer für ihre Söhne und beklagen, daß ihre Väter sie nicht hinreichend erzogen haben (*Laches* 179c–d).

25 Thukydides, athenischer Staatsmann, Gegner des Perikles, ver-

bannt 443 v. Chr. (nicht zu verwechseln mit dem Geschichtsschreiber).

26 Siehe Anm. 24.

27 Das rein poetische Wort ἐσθλός entspricht agathós.

28 Prodikos (s. Anm. 7).

29 Vgl. auch *Euthyphron* 11b–c, 15b.

30 λογισμός (logismós) bedeutet zunächst »Rechnung«, hier also etwa »Aufrechnen des Grundes«. Gegen die – trotz aller Unterschiede in der Auffassung der Sache – bislang einhellige grammatische Auffassung von αἰτίας vertritt Tarrant (s. Literaturhinweise) die Übersetzung »Verantwortlichkeit für die Rechnung«.

31 Homer, *Odyssee* X,494 f.

Literaturhinweise

Neuere Ausgaben, Kommentare, Übersetzungen

Bluck, R. S.: Plato's Meno. Edited with Introduction and Commentary. Cambridge 1961.

Thomas, J. E.: Musings on the Meno. A New Translation and Commentary. Den Haag / Boston / London 1980.

Sharples, R. W.: Plato: Meno. Warminster 1985.

Merkelbach, R.: Platons Menon. Hrsg., übers. und nach dem Inhalt erklärt. Frankfurt a. M. 1988.

Platon: Ménon, trad. et comm. de M. Canto-Sperber. Paris 1991.

Einführende und weiterführende Literatur zu speziellen Fragen

Adkins, A. W. H.: Merit and Responsibility. A Study in Greek Values. Oxford 1960. [Standardwerk zur Entwicklung der Begriffe ἀρετή, ἀγαθός, καλός.]

Ebert, Th.: Meinung und Wissen in der Philosophie Platons. Berlin 1974. [Interpretation des Anamnesis-Teils im *Menon*: S. 83–104.]

Gaiser, K.: Platons Menon und die Akademie. In: Archiv für Geschichte der Philosophie 46 (1964) S. 241–292. Wiederabgedr. in: Das Problem der Ungeschriebenen Lehre Platons. Hrsg. von J. Wippern. Darmstadt 1972. S. 329–393. [Bezug der mathematischen Stellen auf die innerakademische Lehre.]

Graeser, A.: Die Philosophie der Antike 2: Sophistik und Sokratik, Plato und Aristoteles. München 1983. (Geschichte der Philosophie. Hrsg. von W. Röd. Bd. 2.)

Gundert, H.: Dialog und Dialektik. Zur Struktur des platonischen Dialogs. Amsterdam 1971.

Guthrie, W. K. C.: A History of Greek Philosophy. Cambridge 1975. [Bd. 3 zu den Sophisten, Bd. 4, S. 236–265, zum *Menon*.]

Hare, R. M.: Platon. Eine Einführung. Stuttgart 1990.

Heitsch, E.: Platons hypothetisches Verfahren im Menon. In: Hermes 105 (1977) S. 257–268. [Empfehlenswert klare Analyse.]

Irwin, T.: Plato's moral Theory. Oxford 1971.

Kerferd, G. B.: The Sophistic Movement. Cambridge 1981. [Beste Einführung und Überblick zu dem Thema.]

Klein, J.: A Commentary on Plato's Meno. Chapel Hill 1965.

Liske, M.-Th.: Was bedeutet »Lehrbarkeit der Tugend« in Platons ›Menon‹? In: Archiv für Begriffsgeschichte 32 (1989) S. 76–89.

Mann, W.: Art. ›Rechtfertigung I (λόγον διδόναι)‹. In: Historisches Wörterbuch der Philosophie. Hrsg. von J. Ritter und K. Gründer. Bd. 8. Basel 1992. Sp. 251–256.

Moravcsik, J.: Learning as Recollection. In: Plato. A Collection of Critical Essays. Hrsg. von Gregory Vlastos. Bd. 1: Metaphysics and Epistemology. Notre Dame (Indiana) 1978. S. 53–69.

Morgan, M. L.: How does Plato Solve the Paradox of Inquiry in the *Meno*? In: Essays in Ancient Greek Philosophy. Bd. 3: Plato. New York 1989. S. 169–181.

Robinson, R.: Plato's Earlier Dialectic. Oxford 1963. [Standardwerk zu Was-ist-Frage, Elenchos und Hypothesisverfahren.]

Rowe, C. J.: Plato on the Sophists as Teachers of Virtue. In: History of Political Thought 4 (1983) S. 409–427.

Scott, D.: Socrate prend-il au sérieux le paradoxe de Ménon? In: Revue Philosophique de la France et de L'Étranger 116 (1991) S. 627–641. [Kritisch dazu D. O'Brien: Le Paradoxe de Ménon et l'école d'Oxford, ebd., S. 643–658; sowie M. Canto-Sperber: Le Paradoxe de Ménon et la connaissance définitionnelle, ebd., S. 659–663.]

Snell, B.: Mahnung zur Tugend. Ein kurzes Kapitel aus der griechischen Ethik. In: B. S.: Die Entdeckung des Geistes. Hamburg [5]1985. S. 151–177.

Stemmer, P.: Der Grundriß der Platonischen Ethik. In: Zeitschrift für Philosophische Forschung 42 (1988) S. 529–569. [Klärung der ethischen Begriffe ἀγαϑος und καλός anhand der Argumentation im *Staat*.]

– Platons Dialektik. Die frühen und mittleren Dialoge. Berlin 1992. [Bislang genaueste Darlegung der dialektischen (elenktischen) Technik bei Platon.]

Tarrant, H.: By Calculation of Reason? In: P. Huby / G. Neal (Hrsg.): The Criterion of Truth. Essays written in Honour of George Kerferd. Liverpool 1989. S. 7–82.

Vlastos, G.: Happiness and Virtue in Socrates' Moral Theory. In: G. V.: Socrates. Ironist and Moral Philosopher. Cambridge 1991.

Waldenfels, B.: Das sokratische Fragen. Aporie, Elenchos, Anamnesis. Meisenheim a. Glan 1961.

Zeyl, D.: Socratic Virtue and Happiness. In: Archiv für Geschichte der Philosophie 64 (1982) S. 225–238.

Nachwort

I. Das Thema: Gutsein, Tugend und Tüchtigkeit

Das Verständnis dieses platonischen Dialoges scheint im ersten Anlauf nicht schwierig zu sein, recht mühelos meint man den Gesprächen zwischen Sokrates und seinen Gesprächspartnern zu folgen und ist allenfalls am Ende enttäuscht, die gestellten Fragen nicht beantwortet zu finden. Die Barrieren für ein Verständnis sind – anders als bei dichten theoretischen Texten – nicht offensichtlich und deshalb leicht zu ignorieren. So täuscht schon die der Alltagssprache nahe Begrifflichkeit des Gesprächs darüber hinweg, daß die verwendeten Ausdrücke bestimmte Konnotationen haben, die man heute nicht mithört, ja daß die Begriffe der deutschen Übersetzung, aufgeladen von einer 2000jährigen, vom Christentum geprägten Tradition, von uns anders verstanden werden als die entsprechenden griechischen Wörter zur Zeit Platons. Vor allem die Wertwörter und moralischen Begriffe müssen in ihrer antiken Bedeutung gegenwärtig sein, will man die Argumentationen verstehen, in denen sie eine Rolle spielen. Der *Menon* zeigt in seinem Hauptthema diese Schwierigkeit. »Ist Tugend lehrbar?« und »Was ist Tugend?« lauten die traditionellen Übersetzungen, wobei das Aroma, das das deutsche Wort »Tugend« verströmt, heutzutage die entsprechende Frage wenn überhaupt verständlich, dann jedenfalls ziemlich uninteressant macht.

Das Wort ›Tugend‹ hat im heutigen Sprachgebrauch eine ausschließlich moralische Bedeutung, obwohl es diese seiner Herkunft nach nicht hat: als Substantivform zu ›taugen‹ bedeutete es soviel wie ›Tauglichkeit‹ im allgemeinsten Sinne; dazu gehört das Merkmal von Ausgezeichnetsein und Vortrefflichkeit.[1] In dieser ursprünglichen Bedeutung ist Tugend

1 Vgl. Grimm, *Deutsches Wörterbuch*, Bd. 22, Sp. 1561, Art. »Tugend«, der einen ausgezeichneten Überblick über die Bedeutungen und Entwicklungen des Wortes gibt.

also ein Leistungsvermögen, ein Wert, ein Vorzug und eine Auszeichnung, die nicht nur Menschen, sondern auch Dingen zukommen kann. In der höfischen Gesellschaft des Mittelalters beispielsweise ist dieses Leistungsvermögen die Haltung des Ritters, die Ehre einbringt, und die edle Herkunft, Reichtum, gesellschaftliches Benehmen, aber auch Großherzigkeit und Güte. Tugendhaft zu sein bedeutet in diesem Kontext, den gesellschaftlichen Anforderungen in besonderem Maße zu entsprechen, war also keineswegs festgelegt auf eine moralische Gesinnung oder moralisch gute Handlungen. Erst später wurde ›Tugend‹ als sittliche Vollkommenheit aufgefaßt und erhielt eine ausschließlich moralische Bedeutung.

Nimmt man die ursprüngliche Bedeutung von ›Tugend‹ – die ein heutiger Leser kaum mehr im Ohr hat –, so entspricht sie ziemlich genau der in der frühen griechischen Antike geläufigen Bedeutung von Areté (ἀρετή), das eine Substantivbildung zu dem Adjektiv ἀγαθός (»gut«) ist. ἀγαθός heißt »tauglich« im weitesten Sinne, so wie man auch im Deutschen von einem »guten Messer« spricht, wenn es gut schneidet, und von einem »guten Schüler«, wenn er die erforderlichen Leistungen erbringt. ›Gut‹ bezeichnet eine Funktionserfüllung und damit eine Auszeichnung ohne moralische Konnotation. Der Gegenbegriff zu diesem »Gutsein« ist das Schlechtsein (κακία) im Sinne von Untauglichkeit und Versagen. Die Areté, das »Gutsein« eines Menschen, liegt in seiner Leistung, seinem Erfolg und für die aristokratische Gesellschaft der frühen griechischen Zeit notwendigerweise auch in seiner Abstammung. So wie das »Gutsein« des Messers an bestimmte Eigenschaften geknüpft ist, wie z. B. Schärfe, so schließt auch das Gutsein des Menschen bestimmte Eigenschaften ein, wie z. B. das Tapfersein, das Besonnensein oder das Gerechtsein.

Mit dem gesellschaftlichen Umbruch im Athen des 5. Jahrhunderts und der Entstehung der Demokratie gilt nicht mehr die Geburt als Voraussetzung für die Areté des Menschen; das, was als Leistung erbracht werden muß, um als

»tüchtig« zu gelten, ändert sich mit den neuen Erfordernissen. Hier, in einer Gesellschaft, die allen freien Bürgern die Möglichkeit zu politischer Betätigung einräumt, erhält die Frage ein allgemeines Interesse, ob und wie man gezielt lernen kann, tüchtig zu sein.[2] Wenn Menon die Frage stellt, ob Areté lehrbar sei, greift er also ein aktuelles Thema der Zeit auf. Es ist damit gefragt, ob einem durch entsprechenden Unterricht beigebracht werden kann, »gut« und tüchtig, also leistungsstark und erfolgreich in der Polis zu agieren. Areté ist hier als eine ›Techne‹ (τέχνη) verstanden, als eine Fertigkeit wie z. B. das Flötenspiel oder ein Handwerk (vgl. *Menon* 90c, 90e). Ein ganzer Berufszweig von wandernden Lehrern, sogenannten Sophisten, lebte von solchem Unterricht, der – den Erfordernissen der Demokratie entsprechend – vor allem darin bestand, das öffentliche Reden und Argumentieren zu lehren. Die Themen waren nicht festgelegt, aber ein breiter Bildungsrahmen, ja eine Art Universalwissen war für die Sophisten selbstverständlich (vgl. den Dialog *Hippias maior*). Manche Sophisten, wie Protagoras, erklärten ausdrücklich, Areté zu lehren (*Protagoras* 319a), und gemeint ist damit die politische Areté des Bürgers; andere, wie Gorgias, verstanden sich als Rhetoriklehrer (*Menon* 95c; *Gorgias*); wieder andere führten zu Schauzwecken Argumentationen vor, die mit Scheinschlüssen den Gesprächspartner überrumpeln sollten (vgl. die beiden Sophisten im *Euthydem*) und die »die schwächere Position zur stärkeren machten« (vgl. den Vorwurf gegen Sokrates in der *Apologie* 18b).[3] Konservative Bürger – Anytos, der spätere Ankläger gegen Sokrates, kann mit seinem Auftritt im *Menon* als deren Prototyp gelten – hielten nach wie vor an der über-

2 Eine Zusammenfassung der verschiedenen früheren Äußerungen zu dem Thema, auf welche Weise man tüchtig wird, vor allem, wieviel dabei von der natürlichen Begabung abhängt, bieten W. K. C. Guthrie, *A History of Greek Philosophy*, Bd. 3, Cambridge 1975, S. 250–260, und G. B. Kerferd, *The Sophistic Movement*, Cambridge 1981, S. 131–138.

3 Eine gute Darstellung der verschiedenen Aspekte der sophistischen Bewegung liefert Kerferd.

kommenen Vorstellung fest, daß man durch den Umgang und entsprechende Vorbilder gut und tüchtig wird. Sie konnten die bezahlten Lehrer, denen die Jugend begeistert hinterherlief, nur als gefährliche Verführer und Blender ansehen (vgl. *Menon* 91b–92e).
Innerhalb weniger Jahrzehnte am Ende des 5. Jahrhunderts v. Chr. wandelten sich die Wertvorstellungen und die Auffassung von Moralität und Sittlichkeit in solchem Maße, daß auch der Begriff der Areté – sofern er auf die Menschen bezogen war – zu einem moralischen Begriff wurde,[4] der dann mit ›Tugend‹ im späteren und heutigen Sinne getroffen ist. ›Areté‹ verlor zwar nicht das alte Bedeutungsspektrum, in den Vordergrund schob sich jedoch ein »Gutsein« als Sittlichkeit. Der historische Sokrates kann wohl als die Gestalt angesehen werden, die in dieser Umbruchsituation die moralischen Aspekte der Areté ins Zentrum gerückt, und Platon als derjenige, der sie in einer ethischen Gesamtkonzeption verankert hat. Die Umbruchsituation spiegelt der platonische Dialog *Menon* besonders deutlich wider in Menons Antworten auf die Frage, was Areté ist, und in den Argumenten, mit denen Sokrates diese zurückweist.
Mit der ersten Definition (71e) formuliert Menon die gängige Auffassung über das unterschiedliche Gutsein von Mann, Frau oder Kind. Männliche Areté sei die »Fähigkeit, politisch tätig zu sein«; ein Sophist wie Protagoras versprach, genau jenes zu lehren (*Protagoras* 319a). Daß dies in Menons Augen mit dem Ziel geschieht, den Freunden zu nutzen und den Feinden zu schaden, entspricht der traditionellen Vorstellung.[5] Nicht Moralität, sondern die erfolgreiche Durchsetzung von Eigeninteressen macht die Areté aus. Die Areté der Frau besteht nach Menon darin, das Hauswesen zu verwalten. Bis auf Platons revolutionäre Vorschläge im 5. Buch des *Staates* oder Experimente in der Komödie (Aristopha-

4 Der Begriffswandel von Areté ist eingehend nachgezeichnet bei A. W. H. Adkins, *Merit and Responsibility*, Oxford 1960.
5 Vgl. dazu M. W. Blundell, *Helping Friends and Harming Enemies. A Study in Sophocles and Greek Ethics*, Cambridge 1989.

nes' *Ekklesiazusen*), auch die Frau politisch tätig werden zu lassen, spiegelt Menons Auffassung den breitesten Konsens über die Rolle der Frau und ihre Areté. Als Antwort auf die Frage, was Areté sei, präsentiert Menon hier das, was wohl jeder geantwortet hätte, nämlich daß es für jedes Geschlecht und jedes Alter ein entsprechendes »Gutsein« und »Schlechtsein« gibt. Sokrates weist diese Antwort aus formalen Gründen zurück: Er möchte nicht Beispiele von Areté aufgezählt bekommen, sondern *eine* Definition, die alle von Menon aufgeführten Instanzen umgreift, das Identische in allen verschiedenen Arten, gut und tüchtig zu sein. Er zeigt (73b–c), daß es bei den angeführten Arten von Areté wirklich etwas Identisches gibt, nämlich daß man dabei gerecht und besonnen sein muß. Daraus zieht er den Schluß, daß alle Menschen auf dieselbe Weise gut und tüchtig sind und somit über dieselbe Areté verfügen. Einmal abgesehen von der zweifelhaften Schlüssigkeit dieser Argumentation ist es aufschlußreich, daß Sokrates gegenüber Menons funktionaler Areté-Auffassung Handlungseigenschaften einführt, die auf einer anderen Ebene angesiedelt sind: dem erfolgsorientierten »gut handeln« werden Charakteristiken mit moralischem Wert zugeordnet. Menon stimmt dieser Zuordnung aufgrund populärer Wertevorstellungen ohne Zögern zu, wenn ihm auch offensichtlich die Wichtigkeit, die Sokrates ihr zuschreibt, nicht bewußt ist. (Im Dialog *Gorgias*, vor allem dann in den ersten Büchern des *Staates*, wird diese hier so selbstverständlich angenommene Zuordnung in Frage gestellt und eigens begründet.[6])

Menon greift die von Sokrates angebotenen notwendigen Bedingungen für die Bestimmung der Areté jedoch im ganzen Dialog nicht auf und bestimmt im weiteren Verlauf des Gesprächs in Zuspitzung seines ersten Definitionsversuchs: Areté heiße, über Menschen herrschen zu können. Obwohl Sokrates auch diese Bestimmung aus formalen Gründen

6 Vgl. dazu P. Stemmer, »Der Grundriß der Platonischen Ethik«, in: *Zeitschrift für philosophische Forschung* 42 (1988) S. 529–569.

ablehnen muß, weil sie zu wenig umfaßt, nämlich aus den vorher genannten verschiedenen Beispielen nur eins herausgreift, die Areté des reifen Mannes, ergänzt er sie wieder durch die moralischen Adverbien: »sollen wir nicht noch hinzusetzen [. . .] ›gerecht, aber nicht ungerecht‹« (*Menon* 73d). Wiederum stimmt Menon der moralischen Erweiterung bereitwillig zu, ja, bezeichnet selbst Gerechtigkeit, Besonnenheit, Großzügigkeit und Klugheit als Arten von Gutsein (74a); er greift jedoch auch in seinem dritten Definitionsversuch die von Sokrates so deutlich nahegelegte moralische Ebene nicht auf und schlägt die – Sokrates jetzt formal zufriedenstellende – Bestimmung vor, Areté sei, Schönes zu wollen und sich verschaffen zu können (77b).

An dieser Stelle zeigt sich die relative Unangemessenheit der Übersetzung von Areté als ›Tüchtigkeit‹. Während ›Tüchtigkeit‹ ausschließlich das funktionale Erfolgskonzept der Areté-Vorstellung überträgt, liegt in Areté auch die Vorstellung von Vorzügen wie positiv eingeschätzten Haltungen und Charaktereigenschaften, eben ›Tugenden‹. Kommt bei der Übersetzung von Areté durch Tugend in der heutigen Bedeutung deren funktionaler Erfolgsaspekt nicht zum Ausdruck, so bei der Wiedergabe mit ›Tüchtigkeit‹ nicht deren moralischer.

In Menons Bestimmungsversuchen wird die Areté-Vorstellung auf den Tüchtigkeits- und Erfolgsaspekt reduziert, während die Erwiderungen des Sokrates – über die formalmethodischen Einwände hinaus – die impliziten moralischen Vorstellungen im Begriff der Areté explizit machen und damit den Zusammenhang, ja die Zusammengehörigkeit von Tüchtigkeit und moralischen Tugenden klären wollen. Genau darauf zielt die sokratische Frage, was Areté ist. Da Areté, wie immer man sie inhaltlich definieren mag, etwas ist, was von allen als Handlungsziel angestrebt wird, bedeutet die explizite Frage nach ihr, sich über das, was das eigene Handeln leitet, Rechenschaft zu geben, es also unter Vernunft und Einsicht zu stellen. Dies ist das zentrale Anliegen

von Sokrates und Platon. Der *Menon* steht dabei in der Reihe der frühen Dialoge Platons, die zu diesen Problemen hinführen, aber keine Lösungen vorlegen. In der Methodenexplikation jedoch geht er deutlich über diese hinaus. Erst in den späteren Dialogen, vor allem im *Staat*, zeichnen sich auch inhaltlich deutliche Lösungskonzepte ab, in welcher Weise Areté auf ein letztes Gutes bezogen sein muß.

II. Die Methode: Fragen und Prüfen

Mit seiner Ausgangsfrage, ob Areté lehrbar sei, spricht Menon geradezu ein Modethema der Zeit an, um Sokrates' Auffassung dazu zu hören. Eine solche Frage zu stellen, bedeutete nicht unbedingt ein inhaltliches Interesse an der Antwort, sondern gab dem Befragten die Gelegenheit, mit der Antwort rhetorisch oder argumentativ zu brillieren, und dem Frager die Gelegenheit, zu lernen, geschickt zu antworten. Auf diese Weise stellten sich die Sophisten dem Publikum; so prahlte Gorgias z. B. damit, auf jede beliebige Frage antworten zu können (*Menon* 70c). Für diese Art von Schau-Denken oder besser Schau-Reden wurden die Sophisten bezahlt, sie boten dem Publikum rhetorische Schulung. Vor diesem Hintergrund muß man die Frage Menons sehen, der in Sokrates einen Sophisten vermutet; daß Sokrates seine Unwissenheit und damit Unfähigkeit zur Antwort betont, mußte im Gegensatz zum Bildungsgehabe der Sophisten sehr befremden, ja unglaublich lächerlich wirken. Daß er in der zur Debatte stehenden Sache, ob Areté lehrbar sei, keine Position bezieht, mochte ja noch angehen, aber daß er sogar behauptet, nicht zu wissen, was Areté sei, kann für Menon nur unglaubwürdig wirken, wo doch jeder weiß, was Areté ist.

Mit der Aufforderung an Menon, doch selbst zu sagen, was Areté sei, ist die Struktur des Gesprächs vorgegeben: Menon

wird eine These aufstellen, was Areté ist, Sokrates wird sie prüfen, indem er Menon weitere Fragen stellt (Elenchos, ἔλεγχος). Nach dem Scheitern der Bestimmungsversuche Menons werden Sokrates und Menon zur Ausgangsfrage nach der Lehrbarkeit der Areté zurückkehren und versuchen, diese indirekt zu lösen (Hypothesisverfahren).

1. Was-ist-Frage

Die frühen Dialoge Platons, wie *Euthyphron, Laches* oder *Charmides*, gehen von der Situation aus, daß eine Uneinigkeit oder Unsicherheit besteht, welche Handlungen als »fromm«, »tapfer«, »besonnen« oder »gerecht« gelten können. Ist es z.B. tapfer, vorwärts zu stürmen oder zurückzuweichen? Kann es fromm sein, den eigenen Vater wegen Totschlags eines Mörders anzuklagen? Wenn unklar ist, ob eine bestimmte Handlung gerecht ist oder nicht, fromm ist oder nicht, muß Einigkeit erzielt werden über die Kriterien für Gerechtsein bzw. Frommsein. In der sokratischen Was-ist-Frage wird dieses Problem thematisch; durch eine erfolgreiche Beantwortung soll der Maßstab gewonnen werden, mit dem einzelne Handlungen so oder so beschrieben und bewertet werden können. Einigkeit in diesen Dingen ist nötig, soll eine Gemeinschaft wie die Polis in Frieden bestehen und nicht an innerem Zwist zerbrechen. Offensichtlich war Sokrates der erste (und der einzige), der so fragte (vgl. Xenophon, *Memorabilien*; Aristoteles, *Metaphysik* 987b 4) und damit Kontroversen von der Ebene des Meinungsstreites auf eine grundsätzlichere Ebene hob, auf der der Meinungsstreit dann beizulegen war. Mit der Beantwortung der Frage »Was ist denn eigentlich wirklich Tapfersein, Gerechtsein und Gutsein?« wird der Anspruch erhoben, nicht eine Meinung gegen eine andere zu setzen, sondern etwas Richtiges und Wahres als Maßstab zu finden, und zwar mit einer Verläßlichkeit, die bestehen bleibt, so daß man statt einer bloßen Meinung Wissen gewonnen hat. Die eine Gestalt

(εἶδος, ἰδέα) des Gerechtseins etc., die als Maßstab gesucht wird, bezeichnet Platon später als ›Idee‹ (Idee des Gerechtseins etc.) und entwickelt weitreichende Annahmen dazu, die jedoch im *Menon* keine Rolle spielen.

Eine Antwort auf die Was-ist-Frage gestaltet sich stets schwieriger als von Sokrates' Gesprächspartner vermutet. Zunächst einmal ist es nicht einfach, dem anderen verständlich zu machen, welche Art von Antwort auf die Was-ist-Frage gegeben werden soll, nämlich eine allgemeine Bestimmung, keine Auflistung von Beispielen. Im *Menon* zeigt Sokrates zunächst, daß es etwas Identisches in den von Menon aufgeführten Beispielen von Areté gibt, nämlich daß sie mit Gerechtigkeit und Besonnenheit einhergehen müssen (73b–c). Wenn jedoch Gerechtsein nicht nur ein notwendiges Charakteristikum von Gutsein ist, sondern selbst eine Art von Gutsein, kann Gutsein schlechthin, so wendet Sokrates kritisch ein, nicht durch eine Art von Gutsein definiert werden. Sokrates bedient sich hier der Terminologie von Teil und Ganzem, um das Verhältnis der verschiedenen Arten von Gutsein zum Gutsein schlechthin zu verdeutlichen. Im *Protagoras* wird die Frage ausführlich thematisiert, inwiefern die verschiedenen Teile von Areté eins sind.[7] Hier im *Menon* geht es nur um den formalen Aspekt der Definition, daß ein Teil nicht für das Ganze stehen kann. Das Beispiel, an dem Sokrates dies erläutert, zeigt deutlich, daß das Verhältnis der Teile zum Ganzen in diesem Zusammenhang nicht interessiert: Für die Definition von ›Figur‹ sollen nicht verschie-

7 Die verschiedenen Auffassungen zur Frage der Einheit der Tugend und der Teil/Ganzes-Problematik aus dem *Protagoras* diskutiert G. Vlastos, »The Unity of Virtues in the ›Protagoras‹« (1972), neuabgedr. [mit Diskussion der kritischen Gegenpositionen von T. Penner, C. C. W. Taylor und T. Irwin] in: G. Vlastos, *Platonic Studies*, 2., erw. Aufl. Princeton 1981, S. 221–269, mit Anm. 421–445, und dem Zusatz zum *Menon*: »Socrates on the Parts of Virtue« (1980), ebd. S. 418–423; zu demselben Problem vgl. auch Ch. Kahn, »Plato on the Unity of Virtues«, in: *Facets of Plato's Philosophy*, hrsg. von W. H. Werkmeister, Assen 1976 (Phronesis Suppl. II).

dene Figuren wie ›rund‹, ›gerade‹ etc. aufgezählt werden, erst recht nicht *eine* Instanz, z. B. ›rund‹, als Bestimmung für ›Figur‹ schlechthin genommen werden, sondern es soll allgemein und für alle Fälle bestimmt werden, was ›Figur‹ ist. Daß Sokrates zwei Definitionen für ›Figur‹ anbietet, von denen er selbst einer deutlich den Vorzug gibt, unterstreicht die rein formale und methodische Ausrichtung der Erläuterung. Deutlich wird dabei auch, daß die Antwort auf die Was-ist-Frage den Maßstab dafür abgibt, was man als ›Figur‹ anerkennt oder nicht. Dadurch ist die Frage abgehoben von einer Frage nach der praktizierten Wortverwendung.

Doch wie soll man wissen, ob eine Antwort richtig ist, wenn sie den allgemeinen formalen Forderungen genügt? In den Dialogen wird vorgeführt, daß Sokrates nicht von der Warte des Wissenden aus Antworten verwirft, sondern betont, in gemeinsamer Suche die Antwort finden zu wollen. Diese gemeinsame Suche besteht darin, daß Sokrates durch Weiterfragen die jeweiligen Antworten auf ihre Haltbarkeit hin prüft (ἐλέγχει). Der andere muß seinen Definitionsversuch, der als zu prüfende These genommen wird, rechtfertigen (λόγον διδόναι). Es zeigt sich dann, daß ihm das nicht gelingt, weil seine These, also die Antwort auf die Was-ist-Frage, nicht vereinbar ist mit anderen Aussagen, die er in der Sache macht und die logisch mit seiner These zusammenhängen. Durch diese Unstimmigkeit ist die These widerlegt, sie hat sich in der Prüfung (Elenchos) nicht halten können.

2. Der sokratische Elenchos

Das sokratische Prüfen, der Elenchos, soll im folgenden an einer beispielhaften Argumentation verdeutlicht werden.[8] Nachdem Menon verstanden hat, welcher Art seine Antwort

8 Zur grundsätzlichen Struktur des Elenchos vgl. R. Robinson, *Plato's Earlier Dialectic*, Oxford 1963, und bes. P. Stemmer, *Platons Dialektik*, Berlin 1992; eine Diskussion zum Problem der Konstruktivität oder reinen Negativität des Elenchos wurde in den ersten drei Jahrgängen der *Oxford Studies in Ancient Philosophy* (1983 ff.) geführt.

sein muß, gibt er eine formal richtige, weil allgemeine Bestimmung der Areté, nämlich: »Wenn man Schönes will, es sich verschaffen zu können« (77b). Diese Antwort nimmt sich Sokrates als These vor und prüft in mehreren Argumentationsschritten (77b–78b) ihre Stärke. Dabei geht er so vor, daß er aus der These andere Thesen ableitet, die den Sinn der ersten These in Frage stellen. Der erste Teil von Menons Bestimmung (Schönes wollen) wird eliminiert, weil er kein hinreichendes Unterscheidungskriterium angibt. Der zweite Teil (sich Schönes verschaffen können) wird durch die von Menon akzeptierte Erweiterung ›gerecht, aber nicht ungerecht‹ aus demselben Grunde zurückgewiesen wie vorher: durch einen Teil ist das Ganze bestimmt worden. Sokrates verfährt bei der Prüfung so, daß er von Menon die Zustimmung zu weiteren Thesen einholt, die der ersten widersprechen. So stimmt Menon ohne Bedenken der Gleichsetzung von Schönem (καλά) und Gutem (ἀγαθά) zu und der entscheidenden These, daß manche Menschen nicht das Gute wollen. Diese These widerlegt Sokrates – immer unter Berufung auf Menons Zustimmungen – und kommt zu dem Schluß, daß es niemanden gibt, der Schlechtes will: Diejenigen, die Schlechtes wollen, wollen es entweder (a) in Verkennung des Schlechten, das sie für gut halten – oder sie wollen (b) wissentlich das Schlechte. Fall (a) ist kein Fall von ›Schlechtes wollen‹, weil man ja Gutes will (77e); in Fall (b) wird unterschieden, ob man das Schlechte will, weil man einen Nutzen (b1) oder Schaden (b2) von ihm erwartet. Die erste Möglichkeit (b1) wird auch von Menon ausgeschlossen und als Fall (a) behandelt, nämlich daß ein Nutzen vom Schlechten nur aus Unkenntnis von ›schlecht‹ erwartet werden kann.[9] Schließlich wird auch die zweite Möglichkeit, Schlechtes zu wollen im Wissen, daß es einem schadet, mit dem Argument ausgeschlossen, daß bewußt Schaden erleiden wollen gleichbedeutend wäre mit ›unglücklich sein wol-

9 Zur Erklärung siehe Anm. 11 zum Text.

len‹. Da es auch für Menon selbstverständlich ist, daß niemand unglücklich sein will, muß er entgegen seiner vorigen These zugeben, daß niemand Schlechtes will (78b).

Der erste Teil der Bestimmung Menons ist also durch dessen eigene Annahmen ad absurdum geführt, an denen er eher festhalten will als an seiner These: Zum einen, daß man, wenn man das Schlechte kennt, nicht meinen kann, daß es nutze, zum anderen, daß man nicht unglücklich sein will. Beide Annahmen sind für Menon – und für jeden Griechen seiner Zeit – evident, die erste aus dem Sprachgebrauch, die zweite aus der ethischen Grundüberzeugung, daß das eigene Glück das höchste Lebensziel ist. Da also *alle* Gutes wollen, kann ›Gutes wollen‹ kein Unterscheidungskriterium für Tüchtige sein, die sich ja von Untüchtigen abheben (79b). Der erste Teil der Bestimmung Menons ist also nicht zu halten, es bleibt der zweite Teil übrig, daß das ›Können‹, nämlich ›sich Gutes verschaffen zu können‹, die Areté ausmacht.

Hier bringt Sokrates – wie vorher – Menon dazu, die Art und Weise des Gutseins, nämlich ›gerecht‹, mit in die Bestimmung aufzunehmen, so daß sich wieder dasselbe Problem wie bei den vorigen Bestimmungen ergibt, durch einen Bestandteil von Areté die Areté schlechthin bestimmen zu wollen. Sokrates entlockt Menon also ein Zugeständnis, nämlich daß zum Gutsein auch gehört, gerecht und besonnen zu sein, um dann die Zirkularität der Bestimmung herauszustellen: Gutsein heißt, etwas mit einem Bestandteil von Gutsein zu tun (79b–79e).

Der sokratische Elenchos hat also die These Menons als nicht haltbar erwiesen, indem er zeigte, daß sie anderen Überzeugungen Menons widerspricht. Die Kunst des Elenchos besteht zum größten Teil darin, etwas zu ermitteln, das auch die Zustimmung des Unterredners erhält, aber seine These letztlich stürzt. Es ist nun grundsätzlich möglich, auch wenn es in den sokratischen Gesprächen nicht geschieht, daß sich eine These als haltbar erweist. Die Resistenz einer These im

Elenchos oder in vielen verschiedenen Prüfungen würde von einer gewissen Verläßlichkeit zeugen. In Platons späteren Dialogen heißt es, daß der Prüfungsprozeß irgendwann bei etwas »Unwiderleglichem« aufhört.[10]

3. Anamnesis

Durch den sokratischen Elenchos ist Menon in die ausweglose Lage (Aporie) gebracht, nicht mehr zu wissen, wie er noch antworten soll. Da aber auch Sokrates noch einmal betont, daß er selbst wirklich keine Antwort weiß (80d), stellt Menon die Frage, wie Sokrates die Suche nach dem, was Areté ist, überhaupt anstellen will. Denn wenn er überhaupt nicht weiß, was Areté ist, weiß er nicht, was er suchen soll, und auch nicht, wie er das Gesuchte als solches identifizieren soll. An dem Beispiel, das Sokrates zu Beginn des Dialogs zur Begründung des Vorrangs der Was-ist-Frage angeführt hat (77b), kann man verdeutlichen, daß Menons Frage durchaus angebracht ist: Wer Menon überhaupt nicht kennt, kann ihn auch nicht suchen, weil er nicht weiß, worauf er seine Suche richten soll und wie er ihn aus der Menge der anderen herausfinden kann; selbst wenn er zufällig auf ihn träfe, wüßte er nicht, daß es Menon ist.
Menon selbst zielt nicht auf ein grundsätzliches Problem des Forschens, er beschreibt ausschließlich die aktuelle Gesprächssituation, in der Sokrates einerseits seine Unwissenheit betont, andererseits Menons Antworten verwirft. Seine kritische Frage zwingt jedoch Sokrates zu grundsätzlichen methodischen Klärungen. Dieser bringt die ein wenig ungelenke und verschachtelte Frage auf eine schlagkräftige »eristische«[11] Paradox-Formel: Der Mensch kann seine Suche weder auf etwas richten, was er weiß, noch auf etwas, was er nicht weiß (80c). Dadurch wird Menons Frage zwar richtig

10 Vgl. *Phaidon* 85c 7, *Politikos* 285e–286a.
11 Siehe Anm. 14 zum Text.

umformuliert, jedoch auch erweitert um den Zusatz, daß man seine Suche nicht auf etwas richten kann, was man weiß.

Wie entgegnet Sokrates dem berechtigten Einwand von Menon, um das Gespräch fortzusetzen? Da es einleuchtet, daß man »irgendwie« Bescheid wissen oder »irgend etwas« von der Sache wissen muß, auf die die Suche gerichtet ist, scheint die Richtung vorgegeben, in der Sokrates antworten muß, nämlich dieses »irgendwie« zu explizieren. Sokrates beruft sich dabei auf die Lehre von Priestern und göttlich inspirierten Dichtern, die von Menon akzeptiert und nicht weiter hinterfragt wird. Nach dieser Lehre gab es für die Seele ein Leben vor ihrem Eintritt in den Körper, in dem sie »alles geschaut hat«; es gibt somit nichts, was sie nicht weiß. Alles Wissen ist latent in jedem Menschen und kann »erinnert« werden. Sokrates verwendet diese religiöse Vorstellung, um den Sachverhalt zu veranschaulichen, daß das Wissen – uns selbst nicht bewußt – »in uns« ist und nur ins Bewußtsein gehoben zu werden braucht. Selbst für den, der nichts zu wissen meint, lohnt sich das Fragen und Suchen, weil dadurch der Erinnerungsprozeß in Gang gesetzt wird.

Mit der Annahme eines latenten Wissens in uns ist Menons Einwand widerlegt; die Annahme bewirkt, »daß wir rege sind und auf der Suche bleiben« (81c). Das praktische Exempel des Sklaven, der die Frage beantwortet, welches die Seite eines Quadrates mit doppeltem Flächeninhalt ist, soll belegen, daß in der Tat aus einem Nichtwissenden wahres Wissen hervorgeholt werden kann. Dabei ist es unerheblich, daß Sokrates die Antwort weiß und seine Fragen entsprechend gezielt stellen kann. Denn wie auch immer die Fragen gestellt sind, vollzieht der Sklave die Denkakte selbst, die ihn jeweils zu einer Einsicht führen und ihn zustimmen oder verneinen lassen. Zu Recht betont also Sokrates mehrfach (84d, 85d), daß er den Sklaven nichts lehrt, d. h. ihm im traditionellen Sinne sagt, wie es sich verhält, damit der Lernende es aufnimmt.

Die Einführung des Anamnesis-Modells ist zunächst also ein Mittel der platonischen Dialogregie. Sie rettet eine krisenhafte Gesprächssituation; das sachliche Gewicht der Ausführungen geht jedoch weit darüber hinaus. Sie liegen zwar weder hier im *Menon* noch im *Phaidon*, wo sie in Verbindung mit der Ideenlehre vorgeführt werden, in Gestalt einer ausgearbeiteten Theorie vor. Die Rede von einer Anamnesis-*Lehre* Platons ist deshalb irreführend, zumal strittig ist, ob die Ausführungen hierzu nicht eher bildlich als im Wortsinn zu verstehen sind. Trotzdem lassen die Passagen des *Menon* erkennen, welche Lösungen des Problems, wie man Wissen erwerben kann, Platon ablehnte. Nicht nur mathematische Gesetze, sondern auch »alles andere, was man lernen kann«, erwerben wir nicht auf dem Wege der Belehrung durch andere, sondern holen es »aus uns selbst hervor« (85d), indem wir befragt werden und Rechenschaft ablegen müssen, also in der Form des Elenchos, wie Sokrates ihn vorführt. Wer also beispielsweise nach mathematischen Gesetzmäßigkeiten sucht oder nach ihnen gefragt wird, stellt fest, daß er über ein latentes Wissen darüber verfügt, das er »nicht in diesem Leben« (85d–e) erworben hat.

Platons Ausführungen über den Ursprung dieses Wissens lassen verschiedene Deutungen zu und werden auch bis heute sehr unterschiedlich interpretiert.[12] So kann Platons Angabe, unser Wissen sei »nicht in diesem Leben« erworben worden, in zweierlei Weise verstanden werden, einmal im Sinne einer logischen Priorität und Unabhängigkeit unseres Wissens von unserer Erfahrung oder als zeitliche Vorgängigkeit, nämlich so, daß die Seele vor diesem Leben Wissen

12 Einen guten Überblick über die wichtigsten rationalen Deutungen im englischsprachigen Raum der letzten Jahrzehnte von Chomsky bis Vlastos gibt der Kommentar von J. E. Thomas, *Musings on the Meno*, Den Haag / Boston / London 1980, S. 127–147; die dort diskutierte Deutung von R. M. Hare liegt auch in deutscher Übersetzung vor: R. M. Hare, »Philosophische Entdeckungen«, in: G. Grewendorf / G. Meggle (Hrsg.), *Linguistik und Philosophie*, Frankfurt a. M. 1974, S. 131 bis 153.

erworben hat. Die erste Interpretation wurde von Vertretern der Lehre von den eingeborenen Ideen und auch von Kantianern vertreten, die bei Platon Kants Begriff des Apriori vorgebildet sahen (Natorp u. a.). Die zweite Interpretation lebte fort in einer Tradition der metaphysischen Seelenlehre, die u. a. aus dem *Menon* ihre Argumente für die Unsterblichkeit der Seele bezog.

Platon selbst hat dem Sokrates Worte in den Mund gelegt, die Zurückhaltung nahelegen: Für die weitere Suche nach Wissen und Wahrheit wolle Sokrates »allerdings kämpfen, wenn ich könnte, mit Wort und Tat«, »das übrige« jedoch – und hiermit ist wohl die Anamnesislehre mit den metaphysischen Implikationen gemeint – möchte er »eigentlich nicht fest vertreten« (86b–c).

4. Hypothesis-Methode

Obwohl sich Menon von dem Anamnesis-Argument hat überzeugen lassen, will er nicht erneut versuchen, die Frage zu beantworten, was Areté sei, sondern auf seine eigene Ausgangsfrage nach der Lehrbarkeit der Areté zurückkommen. Sokrates hält zwar an der grundsätzlichen Priorität der Was-ist-Frage vor der Wie-beschaffen-Frage fest, schlägt aber einen methodischen Weg vor, auch ohne Antwort auf die Was-ist-Frage die Frage nach der Lehrbarkeit sinnvoll anzugehen, nämlich das Hypothesisverfahren, das die Geometer anwenden. Dieses Verfahren besteht darin, ein vorgelegtes Problem, das nicht direkt gelöst werden kann, zunächst auf die Bedingung zurückzuführen, die für eine Antwort erfüllt sein muß. Ob eine gegebene Fläche als Dreieck in einen gegebenen Kreis eingeschrieben werden kann, ist z. B. nicht unmittelbar zu beantworten. Wenn eine Fläche einschreibbar sein soll, muß sie jedoch die Bedingung erfüllen, daß sie nicht größer sein darf als das größtmögliche Dreieck im Kreis; dies kann durch geometrische Konstruktion geprüft werden, nämlich ob die Fläche an eine Strecke im Kreis angelegt wer-

den kann und eine so und so große Fläche zurückläßt.[13] Die gegebene Fläche muß nun dahingehend untersucht werden, ob sie diese Bedingung erfüllt oder nicht. Voraussetzung und Bedingung für die nicht unmittelbar zu beurteilende Einschreibbarkeit der Fläche als Dreieck ist also eine andere Eigenschaft der Fläche, nämlich von einer bestimmten Größe zu sein, die durch Anlegen an eine bestimmte Strecke geometrisch eindeutig festgestellt werden kann. Je nach dem, ob die Voraussetzung dann erfüllt ist oder nicht, kann die Ausgangsfrage nach der Einschreibbarkeit entsprechend beantwortet werden.

Was ist mit diesem Verfahren gewonnen? Eine schwierige und unmittelbar nicht zu beantwortende Frage wird zurückgeführt auf eine andere, leichter zu beantwortende Frage, die mit der ersten so verbunden ist, daß eine Beantwortung der zweiten Frage auch die der ersten ermöglicht. Dieser Zusammenhang beider Fragen ist ein korrelatives Bedingungsgefüge: Wenn *x* *a*-beschaffen ist, dann muß es auch *b*-beschaffen sein und umgekehrt. »*x* ist *b*-beschaffen« ist also die Bedingung oder Voraussetzung (Hypothesis) für die *a*-Beschaffenheit. Die alles entscheidende Prüfung besteht dann darin, zu untersuchen, ob das als Hypothesis Gesetzte wirklich der Fall ist. Wenn diese Frage beantwortet werden kann, also wenn Sicheres über die *b*-Beschaffenheit von *x* gesagt werden kann wie in dem geometrischen Beispiel, hat das Aufstellen der Hypothesis und deren Prüfung die Beantwortung einer zunächst schwer oder gar nicht zu beantwortenden Frage ermöglicht. Durch das Hypothesisverfahren kann man nach dem von Sokrates angeführten Beispiel in der

13 Welche Konstruktion genau gemeint ist, wird in der Forschung verschieden diskutiert; siehe dazu den Kommentar von R. S. Bluck, *Plato's Meno*, Cambridge 1961, Appendix S. 441–461, und K. Gaiser, »Platons Menon und die Akademie«, in: *Das Problem der Ungeschriebenen Lehre Platons*, hrsg. von J. Wippern, Darmstadt 1972, S. 365–379; einen sehr einfachen Lösungsvorschlag bietet J. I. Meyers: »Plato's geometric hypothesis: Meno 86e–87b«, in: *Apeiron* 21 (1988) S. 173–180.

Geometrie zu wahren und sicheren Aussagen kommen. Es liefert keine Antworten, die unter Vorbehalt stehen, sondern zeigt nur an, daß die Antwort indirekt gewonnen wurde. Die Richtigkeit der Antwort hängt einmal von der Korrektheit des Bedingungsgefüges ab, und zum anderen von der Richtigkeit der Hypothese. Ist eines von beiden nicht gesichert, bietet es keine Hilfe zur Beantwortung der Ausgangsfrage. Genau eine solche Unsicherheit besteht nun offensichtlich, wenn die Frage nach der Lehrbarkeit der Areté mit der Hypothesis, daß Areté Wissen sei, gelöst werden soll. Zunächst führt Sokrates die Prüfung durch, ob die Bedingung, daß Areté Wissen ist, wirklich erfüllt ist (87d–89a), und zwar in zwei Schritten:

1. Areté ist gut (d. h. nützlich).
2. Alles Gute ist Wissen (Überlegung) (89a).

Der erste Schritt ist für Menon und Sokrates evident (87d), da ›gut‹ den individuellen Nutzen bezeichnet; an dieser Aussage wollen sie festhalten. Der zweite Schritt wird so begründet, daß alle äußeren Güter (Gesundheit, Reichtum etc.) und seelischen Güter (Gerechtigkeit, Tapferkeit) auch schaden können und nur in Verbindung mit Überlegung (φρόνησις), Verstand (νοῦς) oder Wissen (ἐπιστήμη) nutzen – drei Ausdrücke, die in diesem Zusammenhang für dasselbe stehen. Damit scheint erwiesen zu sein, daß Areté Wissen und somit – nach der gesetzten Bedingung – auch lehrbar ist (89c).
Genau so wie im geometrischen Verfahren hat Sokrates eine Bedingung gesetzt, die erfüllt sein muß, damit dann die Ausgangsfrage nach der Lehrbarkeit der Areté (positiv) beantwortet werden kann. Doch bei der Bedingung, daß Areté Wissen ist, ist man auf Argumente angewiesen, die sich möglicherweise als nicht sehr fest erweisen, so daß man an dem Ergebnis Zweifel hegen kann. So zweifelt Sokrates, ob Areté wirklich lehrbar sei, denn – so sein Einwand – wenn etwas gelehrt werden kann, dann muß es dafür auch Lehrer und Schüler geben; wofür es aber keine Lehrer und Schüler gibt,

das ist auch nicht lehrbar (89d–e). In einem langen Gespräch mit Anytos (89e–96d) weist Sokrates nach, daß es in der Tat keine Lehrer und Schüler für Areté gibt; auch diejenigen, die sich dafür ausgeben, die Sophisten, sind es nicht. Die Tatsachen sprechen also dagegen, daß Areté lehrbar ist, also ist an der Argumentation, die aufgewiesen hat, Areté sei lehrbar, ein Fehler, eine Annahme, die zu Unrecht zugestanden wurde. An dem Bedingungszusammenhang hält Sokrates fest, daß Areté, wenn sie Wissen ist, lehrbar ist; doch die Zweifel betreffen die Bedingung, daß Areté wirklich Wissen ist (89d). Dies war an die weiteren Bedingungen geknüpft worden, daß alles Gute Wissen und daß Areté gut sei. Letzteres wird nicht angezweifelt; doch der Gedanke, daß nicht nur Wissen, sondern auch »richtige Meinung« gut und nützlich ist, ist für Sokrates nicht von der Hand zu weisen (96d ff). Damit sieht er einen entscheidenden Schritt seines Beweisganges, daß Areté Wissen sei, entkräftet und die Argumentation als nicht mehr gültig an (98d).

Die Argumentation ›von einer Bedingung aus‹, mit der Sokrates die Frage nach der Lehrbarkeit der Areté beantworten wollte, hat also allem Anschein nach nicht weitergeholfen; zwar bleibt nach wie vor der Bedingungszusammenhang bestehen, daß Areté gelehrt werden kann, wenn sie Wissen ist (89d), jedoch konnte sich der Erweis, daß die Bedingung richtig ist, nicht halten. Die Hypothesis selbst hat damit keine Absicherung mehr, so daß die von ihr abhängige Frage nach der Lehrbarkeit auch nicht beantwortet werden kann.

Ein solcher Beweis der Richtigkeit von Aussagen mit abstrakten ethischen Begriffen ist offensichtlich viel schwieriger als der von geometrischen Aussagen. Das Hypothesis-Verfahren, auf philosophische Probleme angewandt, kann, so führt Sokrates vor, eine Wie-beschaffen-Frage nicht zur sicheren und unbezweifelbaren Entscheidung bringen, solange nicht die Was-ist-Frage beantwortet ist. Jedoch wird durch die Einführung der Hypothesis und durch deren

Prüfung ein Feld begrifflicher Möglichkeiten differenziert, durch die dann die Beantwortung der Was-ist-Frage näher rücken kann. Wenn Gutsein lehrbar ist, muß es Wissen sein, doch das Problem ist, wie gezeigt werden kann, daß es wirklich Wissen ist.

III. Das Ziel: Areté und Rationalität

Will man den ersten Teil des Dialogs mit der Untersuchung »Was ist Areté?« und den zweiten Teil mit der Frage, ob Areté lehrbar ist, einander mit griffigen Formulierungen gegenüberstellen, so kann man sagen, daß in dem einen Teil die Moralität der Areté, in dem anderen Teil die Rationalität der Areté von Sokrates ins Spiel gebracht wird. Die Moralität der Areté genauer herauszustellen, scheitert an Menon, die Rationalität der Areté zu klären, scheitert an Sokrates' eigenen Einwänden. Das entscheidende Argument gegen die Rationalität der Areté betrifft die Prämisse im Hypothesisverfahren, nur Wissen sei gut. Diese Prämisse bezweifelt Sokrates, da auch die »richtige Meinung« (ἀληθὴς / ὀρθὴ δόξα) gut ist, d. h. das Handeln zum Erfolg bringt (97a). Aufgrund richtiger Meinungen kann man also gut sein, Areté haben. Nach dem Dialogverlauf ist diese Areté nicht lehrbar (denn nur Wissen ist lehrbar, und Areté hat sich nicht als Wissen erwiesen) und nicht von Natur verfügbar, sondern wird einem durch »göttliche Schickung« (θεῖα μοῖρα, 100d) zuteil. Zum Schluß des Dialogs bleibt die Irrationalität der Areté, ihre schicksalsmäßige Zuteilung, das unwidersprochene Ergebnis des Gesprächs. Ist dies die Antwort auf die Frage nach der Lehrbarkeit der Areté, die Sokrates wirklich aufrechterhalten will?

Das Mißtrauen gegenüber dem Ergebnis der Untersuchung wird von Sokrates selbst geschürt: Zum einen betont er die Vorläufigkeit dieses Ergebnisses; »Genaueres« könne erst

nach der Klärung der Frage, was Areté sei, gesagt werden (100b). Zum anderen können sich die Tatsachen ändern, die den Beweis der Lehrbarkeit zum Wanken gebracht haben, nämlich daß es keine Lehrer und Schüler der Areté gibt. Sobald ein Lehrer auftauchte, der wirklich Areté den Schülern vermittelte, könnte sich Areté doch als Wissen behaupten (100a). Sicherlich hat Platon mit diesen Sätzen seinem Lehrer ein Denkmal setzen wollen, denn für ihn war Sokrates die epochale Gestalt des ersten wirklichen Lehrers der Areté.

Die Lösung, daß Areté dem Handelnden von außen zugeteilt wird, kontrastiert auch allzu deutlich mit der eindringlichen Rede des Sokrates im vorangehenden Gespräch, man müsse auf jeden Fall dem Argument vertrauen, das nicht träge, sondern rege macht (81e), weil man dadurch besser und mutiger wird (86c). Wenn man durch Suchen nach Wahrheit, also durch die Art von Gesprächen und Argumentationen, die Sokrates vorführt, besser werden, d. h. Areté erwerben kann, und Sokrates dafür kämpfen möchte »mit Wort und Tat« (81e), so scheint Sokrates die Areté, die er im Auge hat, nicht dem Schicksal überlassen zu wollen. Sie kann und soll aus dem eigenen Bemühen des Menschen – und das heißt für Sokrates in ständigem Philosophieren – erwachsen.

All dies sind überdeutliche Winke, daß das schicksalhafte Zuteilwerden von Areté nicht als die Auffassung zu verstehen ist, die Sokrates – und damit auch Platon – vertritt, sondern als diejenige, die nach dem Gang der Argumentation übrigbleibt, der jedoch selbst weiter zu prüfen wäre. Das, was expressis verbis am Schluß des Dialogs ausgedrückt ist, muß als Appell an den Leser verstanden werden, anhand der gegebenen Hinweise dort weiterzudenken, wo Argumentationen in die Irre gelaufen sind, die Voraussetzungen auf ihre Haltbarkeit zu prüfen, zu widerlegen oder mit Gründen zu festigen, mit anderen Worten, ein Appell, das Gespräch mit Sokrates, den Elenchos, fortzusetzen. Die Dialoge sind ja nicht Wiedergaben wirklicher Gespräche des Sokrates,

sondern literarische Kunstprodukte Platons,[14] in denen er in bestimmter Weise Argumentationen konstruiert, deren Absicht der Leser – selbst denkend – zu erkennen aufgefordert ist. So muß man sich fragen, mit welcher Absicht zum Schluß des Dialogs richtige Meinung einerseits vom Wissen abgehoben wird und andererseits als eine Instanz eingeführt wird, die genausogut das Handeln leitet und zum Erfolg führt.

Von richtiger Meinung unterscheidet sich Wissen für Sokrates durch Festigkeit und Dauer. Richtige Meinungen »wollen nicht bleiben«, sie müssen deshalb »angebunden« werden durch »begründende Argumentation« (αἰτίας λογισμῷ, 98a). Schon in der Sklavenszene (85c–d) wurden die letztlich richtigen Antworten des Sklaven als »wahre Meinungen« bezeichnet, die durch weiteres Fragen zu Wissen werden. Durch das weitere Fragen kann also das, worüber man eine richtige Meinung hat, abgesichert werden. Den Begründungsprozeß setzt Platon mit dem Anamnesisprozeß gleich. Dieser ist damit ausdrücklich als ein argumentatives Verfahren charakterisiert, das zum Wissen führt. Welche Art von Begründungen gegeben werden, führt Sokrates selbst vor. Die Auffassung, daß es objektive Maßstäbe gibt, durch die sich das Wissen als solches auszeichnet, legt Platon in anderen Dialogen dar, in denen er explizit über die »Ideen« spricht.

Was bedeutet der Unterschied zwischen Wissen und Meinung nun für die Frage nach der Areté? Wenn, wie Sokrates sagt, die Politiker ohne Wissen gut und erfolgreich handeln und intuitiv durch göttliche Zuteilung richtige Meinungen haben, kann diese Areté nicht von langer Dauer sein, sondern sie wird je nach den Umständen nachlassen oder gänzlich in Versagen umschlagen. Wenn Areté Bestand haben

14 Zur Hermeneutik des literarischen Dialogs vgl. W. Wieland, *Platon und die Formen des Wissens*, Göttingen 1982, S. 13–94, sowie Th. A. Szlezák, *Platon und die Schriftlichkeit der Philosophie. Interpretationen zu den frühen und mittleren Dialogen*, Berlin 1985, S. 331–375.

soll, damit die Polis Bestand hat, reicht die zeitweilige Verläßlichkeit der richtigen Meinung nicht aus. Es ist das Wissen, dem Sokrates zuspricht, dauerhaft zu sein, weil es immer wahr ist. Allein wenn Areté an Wissen geknüpft ist, kann auch sie beständig sein.

Wenn Sokrates in der Unterscheidung von Wissen und richtiger Meinung, an der er, wie er sagt, auf jeden Fall festhalten will (98b), so eindeutig die Rolle und den Vorzug des Wissens beschreibt, so muß der Leser des Dialogschlusses – obwohl der Beweis, Areté sei Wissen, gescheitert ist – zwangsläufig zu der Annahme kommen, daß damit wieder auf das Wissen und die Rationalität der Areté zurückgelenkt werden soll.

Rationalität der Areté heißt zum einen, daß nur aufgrund von Wissen beständige Areté möglich ist, und zum anderen, daß darüber Rechenschaft abgelegt werden muß in der Form, wie Sokrates es exemplarisch vorführt. Aus dem *Staat* können wir ersehen, daß ein solches Wissen auf die »Idee des Guten« bezogen sein muß. Hierin liegt der Knotenpunkt der gesamten platonischen Philosophie, da die Erkenntnis des Guten nicht nur jedes Wissen, sondern auch das gute und glückliche Leben ermöglicht. Areté als Wissen ist das Wissen des Guten. Wie dieses Wissen möglich ist, wird von Platons Interpreten sehr verschieden beantwortet. Ob dieses Wissen, die Erkenntnis der Idee des Guten, durch eine intuitive Schau erlangt wird, wie die traditionelle Platonforschung meint, die auch die Geschichte des Platonismus prägt, oder ob die Aufgabe des Philosophierens darin besteht, sich diesem Wissen nur anzunähern und durch die dialektische Methode die am besten gesicherte Meinung zu gewinnen, ist auch heute noch eine Grundfrage, an der sich die Interpretationen scheiden.

Inhalt

Griechische Literatur

IN RECLAMS UNIVERSAL-BIBLIOTHEK

Philosophie

Aristoteles, *Kleine naturwissenschaftliche Schriften.* 208 S. UB 9478 – *Die Kategorien.* Zweispr. 117 S. UB 9706 – *Metaphysik.* 445 S. UB 7913 – *Nikomachische Ethik.* 383 S. UB 8586 – *Poetik.* Zweispr. 181 S. UB 7828 – *Politik.* 613 S. UB 8522 – *Rhetorik.* 256 S. UB 18006 – *Topik.* 368 S. UB 18337 – *Über die Welt.* 64 S. UB 8713

Demokrit, *Fragmente zur Ethik.* Zweispr. 235 S. UB 9435

Diogenes Laertios, *Leben und Lehre der Philosophen.* 580 S. UB 9669

Epiktet, *Handbüchlein der Moral.* Zweispr. 108 S. UB 8788

Epikur, *Briefe, Sprüche, Werkfragmente.* Zweispr. 173 S. UB 9984

Marc Aurel, *Selbstbetrachtungen.* 188 S. UB 1241

Parmenides, *Über das Sein.* Zweipr. 214 S. UB 7739

Die Philosophie der Stoa. 340 S. UB 18123

Platon, *Apologie des Sokrates.* Zweispr. 123 S. UB 8315 – *Apologie des Sokrates. Kriton.* 96 S. UB 895 – *Charmides.* Zweispr. 128 S. UB 9861 – *Euthyphron.* Zweispr. 79 S. UB 9897 – *Das Gastmahl.* 127 S. UB 18527 – *Gorgias oder Über die Beredsamkeit.* 184 S. UB 2046 – *Ion.* Zweispr. 72 S. UB 8471 – *Laches.* Zweispr. 102 S. UB 1785 – *Menon.* Zweispr. 125 S. UB 2047 – *Parmenides.* Zweispr. 207 S. UB 8386 – *Phaidon oder Von der Unsterblichkeit der Seele.* 125 S. UB 918 – *Phaidros oder Vom Schönen.* 104 S. UB 5789 – *Protagoras.* Zweispr. 224 S. UB 1708 – *Der siebente Brief.* 72 S. UB 8892 – *Der Sophist.* Zweispr. 272 S. UB 6339 – *Der Staat.* 725 S. UB 8205 – *Symposion.* Zweispr. 215 S. UB 18435 – *Theätet.* Zweispr. 270 S. UB 6338 – *Timaios.* Zweispr. 245 S. UB 18285

Plotin, *Ausgewählte Schriften.* 439 S. UB 18153

Die Sophisten. Zweispr. 405 S. UB 18264

Die Vorsokratiker I. Zweispr. 336 S. UB 7965 – *Die Vorsokratiker II.* Zweispr. 351 S. UB 7966

Xenophon, *Erinnerungen an Sokrates.* 175 S. UB 1855 – *Das Gastmahl.* Zweispr. 127 S. UB 2056

Griechische Literatur

IN RECLAMS UNIVERSAL-BIBLIOTHEK

Prosa

Äsop, *Fabeln.* Zweispr. 266 S. UB 18297

Antike Heilkunst. Ausgewählte Texte aus den medizinischen Schriften der Griechen und Römer. 250 S. UB 9305

Aristoteles, *Der Staat der Athener.* 128 S. UB 3010 – *77 Tricks zur Steigerung der Staatseinnahmen. Oikonomika II.* Zweispr. 95 S. UB 18438

Demosthenes, *Politische Reden.* Zweispr. 307 S. UB 957

Die griechische Literatur in Text und Darstellung. Zweispr. Bd. 1: *Archaische Periode.* 616 S. UB 8061 – Bd. 3: *Klassische Periode II.* 438 S. UB 8063 – Bd. 4: *Hellenismus.* 368 S. UB 8064 – Bd. 5: *Kaiserzeit.* 406 S. UB 8065

Herodot, *Die Bücher der Geschichte.* 1.–4. Buch. Auswahl. 128 S. UB 2200 – 5.–6. Buch. Auswahl. 87 S. UB 2204 – 7.–9. Buch. Auswahl. 128 S. UB 2206 – *Historien.* Zweispr. 1. Buch. 281 S. UB 18221 – 2. Buch. 248 S. UB 18222 – 3. Buch. 210 S. UB 18223

Hippokrates, *Ausgewählte Schriften.* 357 S. UB 9319

Julian Apostata, *Der Barthasser.* 88 S. UB 9767

Longinus, *Vom Erhabenen.* Zweispr. 157 S. UB 8469

Longos, *Daphnis und Chloe.* 176 S. UB 6911

Lukian, *Gespräche der Götter und Meergötter, der Toten und der Hetären.* 256 S. UB 1133 – *Symposion.* Zweispr. 96 S. UB 18377

Physiologus. Zweispr. 165 S. UB 18124

Plutarch, *Alexander. Caesar.* 224 S. UB 2495 – *Moralphilosophische Schriften.* 256 S. UB 2976

Polybios, *Historien.* 134 S. UB 6210

Die Sophisten. Zweispr. 405 S. UB 18264

Theophrast, *Charaktere.* Zweispr. 104 S. UB 619

Thukydides, *Der Peloponnesische Krieg.* 867 S. UB 1808 – *Der Peloponnesische Krieg.* Auswahl. Zweispr. 100 S. UB 18330

Die Wahrheit über die griechischen Mythen. Palaiphatos' »Unglaubliche Geschichten«. Zweispr. 152 S. UB 18200

Xenophon, *Des Kyros Anabasis. Der Zug der Zehntausend.* 285 S. UB 1184 – *Erinnerungen an Sokrates.* 175 S. UB 1855 – *Das Gastmahl.* Zweispr. 127 S. UB 2056

Philipp Reclam jun. Stuttgart

Griechische Literatur

IN RECLAMS UNIVERSAL-BIBLIOTHEK

Theater und Dichtung

Aischylos, *Der gefesselte Prometheus. Die Schutzsuchenden.* 152 S. UB 988 – *Die Orestie: Agamemnon. Die Totenspende. Die Eumeniden.* 165 S. UB 508 – *Die Perser. Sieben gegen Theben.* 103 S. UB 510

Apollonios von Rhodos, *Die Fahrt der Argonauten.* Zweispr. 592 S. UB 18231

Aristophanes, *Frauen in der Volksversammlung.* 112 S. UB 18305 – *Der Frieden (Eirene).* 96 S. UB 8521 – *Die Frösche.* 111 S. UB 1154 – *Lysistrate.* 104 S. UB 18664 – *Die Vögel.* 112 S. UB 1379 – *Die Wolken.* 142 S. UB 6498

Euripides, *Alkestis.* Zweispr. 176 S. UB 1337 – *Die Bakchen.* 78 S. UB 940 – *Elektra.* 115 S. UB 18354 – *Hekabe.* Zweispr. 132 S. UB 18570 – *Iphigenie bei den Taurern.* 80 S. UB 737 – *Iphigenie in Aulis.* 64 S. UB 7099 – *Medea.* 64 S. UB 849 – *Medea.* Zweispr. 175 S. UB 7978 – *Die Troerinnen.* Zweispr. 208 S. UB 8424

Hesiod, *Werke und Tage.* Zweispr. 119 S. UB 9445 – *Theogonie.* Zweispr. 165 S. UB 9763

Homer, *Ilias.* 624 S. UB 249 – *Ilias* (Auswahl) 116 S. UB 18299 – *Odyssee.* Zweispr. 812 S. UB 18640 – *Odyssee.* 454 S. UB 280 – *Odyssee* (Auswahl) 112 S. UB 18298

Menander, *Dyskolos.* Zweispr. 120 S. UB 18485

Sophokles, *Aias.* Zweispr. 173 S. UB 677 – *Antigone.* 64 S. UB 659 – dazu Erläuterungen und Dokumente. 86 S. UB 8195 – *Antigone.* Zweispr. 144 S. UB 7682 – *Elektra.* 80 S. UB 711 – *König Ödipus.* 80 S. UB 630 – dazu Erläuterungen und Dokumente. 136 S. UB 16038 – *Ödipus auf Kolonos.* 135 S. UB 641 – *Philoktet.* 61 S. UB 709 – *Die Trachinierinnen (Die Heimkehr des Herakles).* 79 S. UB 670

Gustav Adolf Seeck, *Die griechische Tragödie.* Eine Einführung. 272 S. UB 17621 – *Homer.* Eine Einführung. 294 S. UB 17651

Philipp Reclam jun. Stuttgart